Christian Dehotte

Credimus

Christian Dehotte

Credimus

Nous croyons

Éditions Croix du Salut

Publisher:
Éditions Croix du Salut
is a trademark of
Dodo Books Indian Ocean Ltd. and OmniScriptum S.R.L publishing group

120 High Road, East Finchley, London, N2 9ED, United Kingdom
Str. Armeneasca 28/1, office 1, Chisinau MD-2012, Republic of Moldova, Europe
Printed at: see last page
ISBN: 978-620-6-17102-7

Chapitre I: De Dieu

I. Dieu est !

Albert : Parlons de Dieu, veux-tu ?

Julien : Pour qu'en dire ? Que savons-nous de Lui ? N'est-Il pas l'Indicible ? L'Au-delà de tout ? Ne nous suffit-il pas de répéter et de méditer cet hymne à Dieu de Grégoire de Naziance qui seul me satisfait ?

O Toi l'Au-delà de tout, comment t'appeler d'un autre nom ?

Quel hymne peut Te chanter ? Aucun mot ne T'exprime.

Quel esprit Te saisir ? Nulle intelligence ne Te conçoit.

Seul Tu es ineffable. Tout ce qui se dit est sorti de Toi.

Seul Tu es inconnaissable. Tout ce qui se pense est sorti de Toi.

Tous les êtres Te célèbrent, ceux qui parlent et ceux qui sont muets.

Tous les êtres te rendent hommage, ceux qui pensent comme ceux qui ne pensent

pas.

L'universel désir, le gémissement de tous aspire vers Toi.

Tout ce qui existe Te prie, et vers Toi, tout être qui sait lire Ton Univers fait monter

un hymne de silence.

Tout ce qui demeure, demeure en Toi seul.

Le mouvement de l'univers déferle en Toi.

De tous les êtres Tu es la fin.

Tu es unique.

Tu es chacun et Tu n'es aucun.

Tu n'es pas un être seul, Tu n'es pas la somme des êtres,

Tu as tous les noms, comment T'appellerais-je ?

O le seul Innomé, quel esprit céleste pourra pénétrer les nuées qui voilent le ciel

même ?

O Toi, l'Au-delà de tout, comment T'appeler d'un autre nom ?

Aie pitié !

Amen.

Albert : Beaucoup en ont dit plus et parmi eux de nombreux sages, philosophes et autres saints ! Se sont-ils trompés ?

Julien : Je sais mais Christian, notre frère à tous deux, écrit en mars 2020 : *« On aura peut-être remarqué que de Dieu, je ne parle pas souvent, c'est que plus je réfléchis plus je me dis qu'Il est téméraire de parler de Dieu. Cela peut paraître étrange dans la bouche d'un prêtre mais, en définitive, qui sommes-nous pour dire qui Il est, pour dire ce qu'Il veut, pour dire ce qu'Il trouve bon ou mauvais ? Dieu n'est-il pas au-delà de toute pensée, au-delà de la somme des pensées des hommes ? N'est-Il pas l'indicible ? N'est-Il pas l'Etre que ceux qui se contentent d'exister ne peuvent pas appréhender ? Au fond, une seule prière m'agrée vraiment pour m'adresser à Dieu. C'est l'hymne de Saint Grégoire de Naziance.*

(...) Dieu, je ne veux pas le trahir en l'enfermant dans des mots. J'en avais déjà eu l'intuition quand j'étais au séminaire. Nous avions visité, avec l'abbé Cassart, la synagogue de Liège. Notre guide, une femme, nous avait rappelé l'interdiction pour les Juifs de prononcer le nom de Dieu. Elle se refusait aussi de parler de sa volonté se contentant de dire : « Il a dû passer par-là... » J'ai été séduit par cette humilité qu'ont les Juifs devant Dieu. Humilité qui, à mes yeux, témoigne de plus de respect que nos dogmes et nos définitions. Comme travail de fin d'étude, j'ai dû présenter la définition de Dieu que donne Walter Kasper, évêque allemand, dans son livre « Face aux questions de l'athéisme, le Dieu de Jésus-Christ. » Il y a peu, j'ai relu mon ouvrage et j'en ai conclu que je ne m'en étais pas trop mal tiré. (...)

Avant de commencer ce travail qui allait m'occuper et m'énerver pendant des heures, j'étais allé trouver mon superviseur, l'abbé Vincent Baguette, un homme remarquable, décédé d'une crise cardiaque lors d'une promenade en montagne, pour lui dire que j'avais déjà terminé ! J'avais seulement noté :

Dieu est infini !

Définir c'est mettre des fins !

Comment mettre des fins à l'Infini ?

J'ai fini !

Il m'avait répondu que c'était un peu court et renvoyé à mon travail. Oui ! Mais c'est quand même ce qu'il y avait de plus vrai ! (...) je pense donc qu'il est présomptueux, sinon blasphématoire, de mettre la main sur Dieu de quelque manière que ce soit. Des saints l'ont fait, soit ! Ils l'ont fait avec grâce et talent ! Mais je m'en sens indigne et préfère me taire à propos de Dieu. Je ne veux pas le mettre à toutes les sauces, m'en servir comme bouche-trou pour justifier ou non mes actes ou ceux des autres. Ne dit-on pas qu'un fou qui se tait vaut un sage qui ne dit rien ? A propos de Dieu, je suis un fou qui se tait pour au moins paraître sage. »

J'ai beaucoup parlé de cela avec Christian. Il m'a convaincu ! Comme lui, je ne veux pas emprisonner Dieu dans des mots !

Albert : Pour les chrétiens, Dieu s'est révélé aux hommes par Jésus-Christ. Sans doute ne nous a-t-Il pas tout dit à propos de Lui, mais ce qu'Il nous en a dit n'est-il pas suffisant ? Devons-nous tout savoir de Dieu pour parler de Lui ? Jésus ne nous en a-t-Il pas révélé assez pour que nous puissions croire à son existence ?

Julien : Oui, à ceci près que Dieu n'existe pas !

Albert : Comment ça ? Dieu n'existe pas !

Julien : Non, Il est ! C'est différent. Le verbe exister vient du latin ex – hors de – et stare – se tenir debout -. De quoi Dieu se tient-Il hors ? N'est-ce pas plutôt la création qui se tient hors de Lui ? Dieu n'est-Il pas en tout ? N'est-Il pas le Soi en soi dont parle les Hindous ? Je ne peux pas dire qu'Il existe, je pense au contraire qu'Il est l'Etre, qu'Il est ! C'est d'ailleurs ce que je lis à la fin du verset 2 du psaume 92 : « depuis toujours, Tu Es ! »

Albert : C'est ainsi que Dieu se présente à Moïse qui demande au Buisson ardent quel est son nom et à qui il répond qu'il est Moi Je Suis, Yahvé, en hébreu. Oui, Dieu est ! Il ne peut pas simplement exister !

Julien : Il y a peu Christian m'a dit qu'il a eu pareilles discussions avec des Témoins de Jehova, une autre façon de dire Yahvé, qui, comme tu le sais, nient la divinité du Christ parce qu'Il n'aurait jamais prétendu l'être. Christian défend que ce raisonnement ne tient pas parce que, dit-il, Jésus affirme sa divinité à chaque fois qu'Il dit : Moi JE Suis ! (Ego eimi, en grec). A chaque fois qu'Il le dit, Il dit qu'Il est Dieu !

Albert : Le dit-il souvent ?

Julien : Très souvent ! Ecoute : Moi Je Suis le chemin, la vérité, la vie ! Moi Je Suis le bon berger ! Moi Je Suis la Porte ! Moi Je Suis la résurrection et la vie ! Moi Je Suis le Pain descendu du ciel ! Pour les gens que dit-on que Moi Je Suis ? Et pour vous que dites-vous, qui Moi Je Suis ? … Peu de ses disciples le reconnaissent. A ma connaissance seuls Simon-Pierre, plusieurs fois, et Marthe, une fois, lui disent Toi Tu Es. Seigneur à qui irions-nous ? Toi Tu Es celui qui a les paroles de la vie éternelle ? Toi Tu Es le Christ, le Fils du Dieu vivant ! Oui, je le crois, Toi Tu Es !

Albert : Vu ainsi, Il ne l'affirme pas qu'une fois en effet !

Julien : Mais il y a mieux encore. Dans son discours sur le Pain de Vie, rapporté par Saint Jean, Jésus finit par avouer à ses contradicteurs qu'avant qu'Abraham ne fut « Moi Je Suis. » Il y aurait une erreur de concordance si nous traduisions : « avant qu'Abraham ne fut, je suis. »

Albert : La logique en effet voudrait qu'Il dise : « J'étais avant qu'Abraham ne fut. »

Julien : Mais Il ne dit pas cela, Il dit « Moi Je Suis », une belle façon d'affirmer sa divinité ! Et c'est aussi le cas quand, après avoir multiplié les pains et prié seul sur la montagne, Il revient vers ses disciples, perdus dans la tempête, en marchant sur les eaux. Il leur dit : « n'ayez pas peur, Moi Je Suis ». La plupart du temps, nous traduisons « c'est moi », mais alors cela ne veut plus rien dire ! C'est la même chose plus loin dans le même évangile : Jean est le seul à nous rapporter qu'au moment de son arrestation, Jésus demande deux fois à ceux qui sont venus l'arrêter, « qui cherchez-vous ? » et que par deux fois, ils répondent : « Jésus de Nazareth » et se retrouvent par terre quand Il dit que c'est lui. J'avoue que je ne comprenais pas bien le pourquoi de cette anecdote, jusqu'au moment où j'ai constaté que Jésus ne répondait pas « C'est moi » comme c'est le plus souvent traduit, mais « Moi Je Suis » ! Ils se retrouvent au sol comme Moïse s'est retrouvé prosterné devant le Moi Je Suis du Buisson ardent !

Albert : Lanza del Vasto, disciple de Gandhi avec qui il a vécu en 1937 et fondateur de l'Arche en 1948, disait que le verbe « être » définit toutes choses : un chat c'est, une tasse c'est, … Dieu aussi définit toutes choses. Il est et les choses existent …

Julien : Notre vocation à nous qui existons est de cesser d'exister pour être.

Albert : Vocation que Christian évoque dans sa plaquette, *Et s'il était temps de prendre du temps pour perdre mon temps ?* Il y écrit en effet : « *Quand j'avais vingt* *ans, Jean-Marie, mon père spirituel m'avait prévenu : ce n'est pas ce qu'on fait qui compte, c'est ce qu'on est ! J'ai perdu mon temps à faire et que suis-je devenu ? Qu'ai-je fait de moi ? Ne plus perdre mon temps ! Le garder pour moi ! L'user pour devenir ce que je dois être : moi ! Etre et moi ! Etre moi ! »* Et plus loin : *« Je cherchais ainsi à rejoindre le conseil de mon père spirituel qui m'avait dit que l'important n'est pas de faire mais d'être. J'ai donc voulu être ! Mais que reste-t-il de tout cela ? Ais-je jamais, ne fût-ce qu'un instant, été ? Et maintenant ? Est-ce que je me contente seulement d'exister ? »*

Julien : C'est une question qui le taraude. Il m'écrivait récemment : *« Le soleil est revenu illuminant les feuilles jaunes des érables du parc. L'automne s'est avancé : il fait beau et clair mais pas chaud. Dans la cafétéria une musique apaisante accompagne les chuchotements des quelques rares clients. Le moment est propice à la contemplation des couleurs et des sons. Profiter de ce temps de calme, de cette heure de pureté, de silence habité. Bientôt l'animation de cet après repas va se réveiller et tout bouleverser. Etre là simplement à attendre calme, serein, en repos, ... avec comme seule crainte que cette minute de féconde solitude ne meure déjà. Rare moment de plénitude, trop court temps de grâce, minute accordée pour un entretien de soi avec soi. Apprendre à être, me réconcilier avec l'ennemi que je suis.*

Je baisse les paupières, les yeux me font mal souffrant de trop de lumière. Les fermer pour les tourner vers le dedans et m'évader à l'intérieur en quête de l'être en moi. Accueillir dans le temps où je passe, l'éternité en moi. Me dépasser par l'intérieur par cette voie étroite comme une radicelle de l'arbre de la vie. Devenir cette terre profonde, inconnue et pourtant si intime, si réelle qui abrite, fragile et timide, mon âme. »

Albert : Joseph, un vieux philosophe que Christian a fréquenté dans sa jeunesse, lui a dit un jour : *« On te dit qu'il faut réussir dans la vie ; moi, je te dis de réussir ta vie ! »* Le vieux Joseph avait obtenu son diplôme d'ingénieur en 1914, mais il avait passé son existence dans le Midi en travaillant comme blanchisseur. Il était revenu en Belgique pour y soigner sa sœur. Ruiné, il vivait dans une extrême pauvreté. Christian et lui s'étaient liés d'amitié. Sans doute Joseph a-t-il été pour Christian, alors en quête de sens, un chemin qui l'a conduit vers la non-violence et vers les communautés de l'Arche. Joseph n'a pas réussi dans la vie, mais il a réussi la sienne ! Notre frère lui doit beaucoup !

Julien : C'est aussi Joseph qui, à une dame, qui demandait en gémissant pourquoi il faut vieillir, avait répondu : *« Pour vivre longtemps »*.

Albert : Simon, un ami, aborde cette question un peu autrement tout en concluant de la même manière. Voici ce qu'il écrit : « *Exister : que ce soit pour un être vivant ou pour un objet, exige un début, et une fin, la mort d'un être vivant, la destruction de l'objet, je dirais même qu'en ce qui concerne les choses immatérielles, comme la pensée et les théories et même la philosophie, rien de tout cela ne peut prétendre qu'à l'existence simplement, car si tout cela peut prétendre à une pérennité, leur qualité reste figée en un temps donné sans espoir d'éternité.*

Dieu n'a ni commencement ni fin, Dieu Est, et nous pouvons ajouter l'écrit de monsieur Jean d'Ormesson (écrivain 1925-2017) : N'existent que les êtres dans l'espace et le temps. Dieu n'existe pas puisqu'il est éternel ».

Nous sommes d'accord pour dire que Dieu est ! Pouvons-nous aussi penser qu'Il est amour ?

II.   Dieu est-il amour ?

Julien : C'est ce que la Bible nous fait comprendre. Mais cela ne découle pas de ce que Dieu est. Ce n'est pas parce qu'Il est aux origines, qu'Il est nécessairement amour !

Albert : Qu'Il est n'est pas une évidence pour tous ! Loin de là ! Qu'Il soit amour est encore faire un pas de plus ?

Julien : Ce que les hommes pensent et disent de Dieu paraît tantôt en relief tantôt en creux. Certains croient en lui d'autres non, certains le voient comme un principe, d'autres comme une personne, certains l'espèrent et lui font confiance, d'autres restent sceptiques et ils interrogent la science.

Albert : Je lisais dans la presse l'avis de « Nouveaux scientifiques » qui prétendent qu'ils prouveront que Dieu n'existe pas.

Julien : Ils ont raison en ceci que, comme nous l'avons dit, Dieu « est » plutôt qu'Il n'existe. Maintenant s'ils veulent prouver que l'Etre n'est pas, … Je pense qu'ils arriveront seulement à prouver que, dans leur langage, Dieu n'a pas sa place. La science n'a d'avis que sur ce qu'elle peut expérimenter, vérifier, mesurer. Elle n'a pas la main sur l'Etre, Il échappe à son langage. L'Etre n'est pas un objet pour la science. Il lui échappe. Beaucoup de gens prétendent ne croire que ce qu'ils voient, entendent, sentent, … Mais les chiens entendent des ultras sons, les chats voient et sentent des choses que nous ne voyons ni ne sentons. Quand je caresse un des petits de ma chatte, elle le lèche pour en dissiper mon odeur. Mais si je le sens, je ne perçois que son odeur pas la mienne. Mon chat à l'odorat plus développé. L'erreur de beaucoup est de se prendre pour le nombril du monde. La vraie démarche scientifique est plus humble. Elle ne prétend pas tout savoir et admet qu'il y a des langages, des vérités qui lui échappent. Dieu ne se prouve pas. Ce qu'Il est ou ce qu'Il n'est pas nous échappe. Ce sur quoi nous échangeons maintenant est du langage de la foi pas de la science !

Albert : Et la Bible nous dit que Dieu est amour ?

Julien : Je préfère penser qu'elle nous le fait comprendre. Mais là aussi je vois un piège. Quand nous disons que Dieu est amour nous réfléchissons à ce que doit être l'amour et nous cherchons à l'appliquer à Dieu, alors qu'il nous faudrait plutôt regarder ce qu'est cet Amour que nous disons être Dieu pour apprendre ce qu'est vraiment l'amour.

Albert : Peux-tu expliquer davantage ? Je ne suis pas certain de bien comprendre !

Julien : Je prends un exemple. Nous pensons, peut-être influencés par Saint Paul lui-même, que l'amour ne se met jamais en colère, mais il est dit dans le psaume : Dieu lent à la colère et plein d'amour et Jésus se met en colère plusieurs fois dans l'Evangile. Si Jésus est Dieu et qu'Il se met en colère, si Dieu est dit lent à la colère cela signifie qu'Il s'y met parfois. Alors plutôt que d'interdire à l'Amour de se mettre en colère, nous devrions voir quand Il se met en colère. Autrement dit, nous devrions chercher à comprendre ce qui met l'Amour en colère.

Albert : L'Evangile dit que Jésus promène un regard de colère sur l'assemblée de la synagogue quand elle refuse à Jésus le droit de guérir l'homme à la main desséchée un jour de sabbat et qu'Il se fâche quand ses disciples veulent empêcher que des petits enfants viennent à lui.

Julien : Dans les deux cas, un ou des petits sont bafoués. L'Amour se met-il en colère quand les droits des petits sont bafoués ? Cela mérite réflexion ! Mais ce n'est pas tout ! La Bible cherche à nous faire comprendre que Dieu est amour, mais elle nous pousse aussi à croire qu'Il est Trinité : Un en Trois ! Un seul Dieu à la fois Père, Fils et Esprit ! En disant que Dieu est Trinité nous disons autrement qu'Il est Amour.

III.   Dieu est Trinité !

Albert : Si je te comprends bien, tu associes l'idée d'un Dieu trinitaire avec celle d'un Dieu d'amour mais qu'est-ce qui te fait penser cela ?

Julien : La plupart du temps, nous disons que Dieu est Amour parce que nous pensons qu'Il nous aime. Ce n'est pas faux, mais quand même incomplet. Dieu n'a pas besoin de nous pour aimer. Il ne nous a pas créés parce qu'Il aurait eu besoin d'avoir quelqu'un à aimer. Il nous a créés par surcroît d'amour. Un peu comme l'homme et la femme qui s'aiment n'ont pas besoin d'enfants pour s'aimer. Les enfants viennent par surcroît d'amour, parce que l'amour est fécond, créatif, porteur de vie.

Ainsi Dieu n'est pas amour seulement parce qu'Il nous aime, mais aussi et surtout parce que l'amour circule en Lui ; entre le Père et le Fils par l'Esprit ; comme dans le couple, l'amour circule entre l'homme et la femme. C'est aussi en cela que l'homme est créé à l'image de Dieu. En réalité la Bible dit : *« Faisons l'homme à notre image et ressemblance ! Homme et femme, Il LE créa »*, c'est le couple qui a été créé à l'image et à la ressemblance de Dieu ! Dieu a créé le monde par surcroît d'amour, parce qu'Il est fécond, créatif, porteur de vie !

Albert : Ce que tu dis là, seuls les chrétiens peuvent le penser. C'est une des spécificités de notre religion. Mais il faut bien reconnaître qu'un Dieu unique en trois personnes c'est difficile à avaler.

Julien : C'est, peut-être, parce qu'il est maladroit de parler de « personne » à propos de Dieu. Je viens de dire que le couple est à l'image et ressemblance de Dieu, mais on peut défendre que l'individu l'est aussi.

Dans les « Témoins de l'Invisible », Jean Prieur affirme la supériorité du monde des esprits, qui est *« par-delà le bien et le mal »,* alors que le monde animal est en deçà, et celui de l'homme de plain-pied avec le bien et le mal. Il décrit l'homme comme un être triple – esprit, âme, corps - qui fait l'étonnement des anges et des bêtes, qui sont esprit et âme pour les anges, et âmes et corps pour les bêtes. L'homme est triple comme Dieu est Trinité. Il est le seul dont il est dit qu'il est à l'image du créateur.

Fort de ce constat, Saint Augustin cherche à découvrir trois qualités que l'on pourrait trouver et en Dieu et en l'homme. D'autres ont expliqué la Trinité en évoquant trois allumettes qui, mises ensemble, ne font qu'une seule flamme, d'autres ont parlé du fleuve qui est source, cours d'eau et embouchure, …

Mais ces explications ne me plaisent qu'à moitié ! Dans la Trinité, les « personnes », si elles ne font qu'un, portent un nom différent parce qu'elles sont différentes, comme, dans le couple, l'homme et la femme sont différents. Ce n'est pas le cas des allumettes. Et dans l'exemple du fleuve, si le cours d'eau vient de la source, il n'y a pas de retour.

Bref ces explications ne me satisfont pas. Christian m'a rappelé un jour que la religion chrétienne est une religion révélée, c'est-à-dire que, pour nous, Dieu est lui-même venu nous dire qui Il est. Nous n'avons pas à chercher à l'imaginer, mais à chercher à comprendre ce qu'Il nous a dit de Lui.

Et pour cela, nous avons les Ecritures en général et les Evangiles en particulier. Or que nous disent les Evangiles ? Saint Jean nous dit dans son prologue que le Verbe s'est fait chair.

Albert : Laisse-moi le relire, ce texte qu'autrefois le prêtre récitait à la fin de chaque messe, est pour moi d'une importance capitale. C'est un sommet de littérature et de méditation !

« Au commencement était le Verbe, et le Verbe était auprès de Dieu, et le Verbe était Dieu.

Il était au commencement en Dieu.

Tout par lui a été fait, et sans lui n'a été fait rien de ce qui existe.

En lui était la vie, et la vie était la lumière des hommes, et la lumière luit dans les ténèbres, et les ténèbres ne l'ont point reçue.

Il y eut un homme, envoyé de Dieu ; son nom était Jean.

Celui-ci vint en témoin, pour rendre témoignage à la lumière, afin que tous crussent par lui : non que celui-ci fût la lumière, mais il avait à rendre témoignage à la lumière.

La lumière, la vraie, celle qui éclaire tout homme, venait dans le monde.

Le Verbe était dans le monde, et le monde par lui a été fait, et le monde ne l'a pas connu.

Il vint chez lui, et les siens ne l'ont pas reçu.

Mais quant à tous ceux qui l'ont reçu,

Il leur a donné le pouvoir de devenir enfants de Dieu, à ceux qui croient en son nom, qui non du sang, ni de la volonté de la chair, ni de la volonté de l'homme, mais de Dieu sont nés.

Et le Verbe s'est fait chair, et il a habité parmi nous, (et nous avons vu sa gloire, gloire comme celle qu'un fils unique tient de son Père) tout plein de grâce et de vérité.

Jean lui rend témoignage, et s'écrie en ces termes :

« Voici celui dont je disais : Celui qui vient après moi, est passé devant moi, parce qu'il était avant moi. »

Et c'est de sa plénitude, que nous avons tous reçu, et grâce sur grâce ; parce que la loi a été donnée par Moïse, la grâce et la vérité sont venues par Jésus-Christ.

Dieu, personne ne le vit jamais : le Fils unique, qui est dans le sein du Père, c'est lui qui l'a fait connaître. »

Julien : Ce texte est fabuleux ! Il nous apprend que Jésus, le Fils de Dieu, est le Verbe par qui tout fut créé. Jésus est le Verbe de Dieu ou, autrement dit, la Parole de Dieu. Nous le reconnaissons, à chaque messe, quand après la lecture de l'Evangile, le prêtre ou le diacre dit : *« Acclamons la Parole de Dieu »* et que nous répondons : *« Louange à toi, Seigneur Jésus »*. C'est rappelé aussi dans la préface inclue dans la seconde prière eucharistique : *« il est ta parole vivante par laquelle tu as créé... »*.

La Parole de Dieu est une parole de vie, une parole, active, efficace, une parole qui crée et comme le diront ensuite les Evangiles, une parole qui sauve ! Et Jésus est cette parole.

Que nous dit cette parole ? Qu'elle est venue faire la volonté de son Père, de Celui qui l'a engendrée !

Souviens-toi, au début d'une de ses homélies, Christian avait demandé à une fillette de choisir entre des cartes de couleurs différentes. La petite avait finalement montré la rouge. Pour que nous sachions quelle carte la gosse préférait, il avait fallu qu'elle nous le dise ! Christian nous l'avait fait remarquer en insistant bien sur le fait que nous ne pouvons connaître la pensée ou la volonté de notre interlocuteur que s'il nous la dit, étant entendu que dire ce n'est pas seulement faire du bruit avec sa bouche, mais qu'on peut tout aussi bien dire avec des attitudes ou des gestes.

En se faisant chair, le Verbe s'est aussi fait concret. Jésus ne s'est pas uniquement exprimé par des mots, mais aussi par des actes, des miracles, des faits. Il nous a plus dit qu'Il nous aimait en mourant sur la croix que par de longs discours.

Jésus, la Parole de Dieu, est venu nous dire la volonté de Dieu. Si le Fils est la Parole, le Père pourrait bien être la Pensée ou la Volonté. Pour que les hommes sachent ce que Dieu veut ou pense, il fallait que le Verbe le leur dise !

Lors de son homélie, Christian nous avait fait remarquer que nous savions ce que la fillette voulait parce qu'elle nous l'avait dit, puis il nous avait demandé s'il avait deux petites filles devant lui : une qui voulait et une autre qui disait ? Bien sûr que non ! Il n'y avait qu'une enfant qui voulait et disait, qu'une enfant qui disait ce qu'elle voulait. Ainsi Dieu, qui est Volonté et Verbe, qui est Pensée qui se dit par la Parole.

Albert : Autrement dit : ce que la gamine dit ou montre, nous l'entendons ou le voyons ; tandis que ce qu'elle pense nous ne pouvons ni l'entendre ni le voir !

Julien : Il en est de même pour Dieu. Il a fallu que le Verbe de Dieu se montre, se fasse chair, que nous puissions le voir et l'entendre pour connaître la Volonté du Père. C'est, à mon avis, ce que Jésus entend quand il dit à Philippe : « Qui m'a vu a vu le Père » ou encore quand il dit qu'il est Moi Je Suis le Chemin. Il est la Parole qui mène à la connaissance de la Volonté.

Albert : Cela donne à réfléchir !

Julien : Mais tout n'est pas dit ! Une enfant, Jordan, à qui Christian avait parlé comme nous venons de le faire, avait remarqué que la pensée précède toujours de peu la parole, et elle avait expliqué que juste avant de prendre son stylo, elle avait pensé le prendre même si cela n'avait duré qu'un millième de seconde. Elle avait raison ! La pensée est toujours première et l'action ou parole toujours seconde. Première ou mère ou père. Seconde ou fille ou fils.

Albert : Et dans le Credo : engendré non pas créé de même nature que le Père. Le Verbe n'est pas créé, il est l'expression de la Pensée de Dieu. Cela se vérifie dans Genèse 1 quand pour créer Dieu dit.

La Parole de Dieu est une parole de vie, une parole créatrice. C'est bien ce que Saint Jean affirme quand il écrit : *Il (le Verbe) était au commencement en Dieu. Tout par lui a été fait, et sans lui n'a été fait rien de ce qui existe. En lui était la vie, et la vie était la lumière des hommes (...)*

Julien : Et dans le Credo, la suite de ce que tu cites ; *et par Lui tout a été fait.*

Albert : Cela se tient ! Mais l'Esprit Saint ?

Julien : Revenons un instant à la fillette ! Elle a montré la carte rouge pour dire sa préférée et nous l'avons crue. Mais si elle avait menti, si elle préférait une autre et qu'elle voulait le cacher, ou si, sotte, elle les avait montrées l'une puis l'autre ? Pour que nous sachions vraiment ce qu'elle voulait, il fallait qu'elle dise la vérité et pour cela, il fallait qu'il y ait entre sa pensée et sa parole un lien, une relation, d'amour et d'intelligence. Ce lien que dans la Trinité, nous appelons le Saint-Esprit. L'Esprit Saint qui unit le Père au Fils et le Fils au Père dans une relation d'Amour et de Vérité. La Parole, par l'Esprit, dit sans déviation la Pensée et la Pensée est dite sans déviation par la Parole. Et Dieu Un est à la fois Volonté, Parole, Intelligence : Trinité.

Albert : La petite fille qui elle aussi veut et dit avec intelligence est à l'image de ce Dieu, trinité ?

Julien : C'est en effet ce que je pense. Je pense aussi que nous ne verrons jamais ni le Père ni l'Esprit. Quand Dieu se montre c'est Jésus ! Jésus est le visage de Dieu ! S'adresser à Jésus c'est aussi s'adresser au Père et à l'Esprit. Il est Un, Unique et le Même

Albert : Quand nous étions gamins, rappelle-toi, nos instituteurs, quand ils parlaient de la Trinité, nous racontaient toujours l'histoire de ce penseur, méditant à propos d'elle sur la plage, qui vit un gamin remplir d'eau de la mer, avec un coquillage, un trou qu'il avait creusé dans le sable. Il l'observa un instant, puis il lui dit qu'il n'arriverait jamais à y mettre toute l'eau de la mer. L'enfant lui répondit qu'il y arriverait bien avant qu'il n'ait sondé tout le mystère de la Trinité.

Julien : Je crois savoir que ce penseur était Saint Augustin et que cela ne l'a pas empêché de continuer à y penser … Mais certainement que l'enfant, qu'on dit être un ange, avait raison. Je t'ai dit comment j'envisage la Trinité, je ne prétends pas avoir tout dit. La réticence que nous avons à en parler rejoint celle que j'évoquais au début de notre entretien : qui sommes-nous pour parler de Dieu, pour l'enfermer dans des mots et des dogmes ? Ne serait-il pas plus sage de nous retirer dans notre chambre, d'y faire silence et d'y murmurer avec respect le Notre Père et la prière de Saint Grégoire *: O Toi l'Au-delà de tout, comment t'appeler d'un autre nom ?*

IV.   L'être en moi, mon âme

Albert : Simon suggère à Christian, après avoir lu à la page 3 : *« Je baisse les paupières, les yeux me font mal souffrant de trop de lumière. Les fermer pour les tourner vers de dedans et m'évader à l'intérieur en quête de l'être en moi. »* d'écrire le mot « être » avec une majuscule, argumentant que la phrase sera plus compréhensible ainsi.

Christian lui donne raison tout en expliquant pourquoi il garde la minuscule, il écrit : *« ... si l'on met une majuscule, il n'y a plus de doute que l'Etre en moi est Dieu, avec une minuscule, on peut douter. Mais justement, je ne tiens pas à ce que les choses soient trop claires. Ce texte qui pourrait très bien être joint à mon livre, Et s'il était temps de prendre du temps pour perdre mon temps ? qui pose plus de questions qu'il ne donne de réponses, ne doit pas tant affirmer que de laisser place à la réflexion. Quel est cet être en moi ? Dieu ou moi ? Y a-t-il place en moi pour Lui et moi ? On affirme que Dieu est en tout être, donc en moi, mais alors où suis-je moi ?*

Les Grecs et les Hindous qui croient à la Réincarnation, la présentent en expliquant qu'une parcelle de Dieu est emprisonnée dans les corps des hommes et des animaux et que cette parcelle doit se réincarner, à chaque mort, tant qu'elle n'habite pas un corps entièrement pur. Quand cela arrive après des milliards d'essais, elle retourne à Dieu. C'est-à-dire qu'elle fusionne avec lui en perdant son identité. Les chrétiens pensent qu'à la mort l'âme purifiée entre en communion avec Dieu. Ce qui est bien différent d'une fusion. Dans celle-ci, l'un disparaît au profit de l'autre ; dans la communion, chacun reste lui-même. Je pense que Dieu ne veut pas ma disparition, mais entrer en communion avec moi ; qu'à ma mort, il y a quelque chose de moi qui vivra éternellement. Et ce quelque chose, c'est mon Moi ou mon âme. Que trouverai-je au plus profond de moi ? Dieu ou moi ? Je ne sais pas ! Je n'en suis qu'au début de la découverte et je ne veux pas augurer de la réponse. Aurai-je un jour une réponse ? Je saurai peut-être alors si j'ai perdu ou non mon temps ? Je laisse donc la minuscule et je cherche, je médite et j'attends. »

Fusion et communion sont deux réalités à ne pas confondre. Ecoute ceci : Il y a longtemps, un fondeur avait promis, à l'empereur de Chine, de lui fabriquer pour son église la plus belle cloche du pays. Or - par quel prodige ? -, chaque fois qu'il l'avait réalisée et qu'il voulait la faire tinter, elle se brisait.

L'Empereur lui donna une dernière chance le menaçant de mort s'il échouait une fois encore. Alors la fille du malheureux fondeur s'en alla, inquiète pour son père, prier dans la forêt, où elle s'endormit sous un arbre.

Au milieu de la nuit : elle se réveilla et entendit trois démons qui, juchés sur une branche, devisaient entre eux. Ils ne l'avaient pas remarquée et ils parlaient suffisamment fort pour qu'elle puisse entendre.

L'un d'eux expliquait qu'il avait jeté, au malheureux fondeur, un sort qu'on ne pourrait conjurer qu'en mêlant au métal en fusion, le corps d'une jeune vierge. La fille avait compris : elle attendit que son père fasse une fois encore chauffer le métal et quand il fut à point, elle s'y jeta. On dit que cette cloche hérita de sa voix pareille à un gazouillis de fée.

C'est ce que sous-entend la théorie de la réincarnation : à la fin le moi disparaît au profit de Dieu. Nous les chrétiens nous pensons que nous avons été créés par amour et que Dieu ne veut pas notre disparition. Il cherche donc la communion avec nous plutôt que la fusion. L'homme et la femme sont aussi appelés, dans le couple, à entrer en communion et non en fusion. Dans ce cas l'un disparaîtrait au profit de l'autre. Qu'en penses-tu ?

Julien : Que dans ton histoire, la fille est devenue cloche. Plus sérieusement que Christian a du mal à se prononcer sur celui qui est au plus profond de lui-même : Dieu ou lui ? Actuellement il médite la question qu'il aborde indirectement dans une homélie récente. Je te relis la fin : *« Dans son énoncé du premier commandement, Jésus remplace (le) « tout ton être » (de l'Ancien Testament ndlr) par « toute ton âme et tout ton esprit ». Cet être que je suis, ou pour mieux dire, que je suis appelé à devenir, est âme et esprit. Le scribe a remplacé l'esprit par l'intelligence et il a oublié l'âme. S'aimer soi-même c'est aimer son âme. Aimer son prochain comme soi-même c'est aussi aimer son âme. Lui vouloir du bien, c'est vouloir le bien de son âme, c'est vouloir l'amener à la Vérité. »*

Christian semble ainsi faire un pas dans sa conception de son Moi profond, de l'être qui est en lui et qui ne peut être que son âme ! Il dit que le Moi et l'âme ne font qu'un. Je sais aussi que, contrairement à ce qu'il a longtemps pensé et qu'on entend souvent dire, il n'est pas certain que Dieu soit en chaque homme. Ce qui le fait douter c'est cette phrase lue dans l'Evangile de Jean : *« Si vous m'aimez, mon Père et moi, nous viendrons en vous faire notre demeure »* Cette promesse de Jésus dit bien que Dieu n'est en l'homme qu'à condition d'y être invité.

Albert : Ce que tu dis là va à l'encontre de beaucoup de sagesses et non des moindres.

Julien : C'est pourquoi je suis prudent dans ce que j'avance. Mais je comprends que Christian garde la minuscule. A ce stade pour lui et pour moi, il est trop tôt pour trancher la question.

Albert : Dans la méditation que tu cites, Christian ne nie pas totalement la présence de Dieu en lui puisqu'il note *:* « *Me dépasser par l'intérieur, par cette voie étroite comme une radicelle de l'arbre de la vie. Devenir cette terre profonde, inconnue et pourtant si intime, si réelle qui abrite, fragile et timide, mon âme.* »

La Voie étroite, l'Arbre de Vie dans la Bible font référence à Jésus. Ne peut-on pas envisager que Jésus qui est Moi Je Suis, le chemin vers le Père, le soit aussi, pour nous, vers notre âme ?

Julien : C'est une piste ! Mais voici justement Christian ! Quand il est habité par une question, la réponse ne tarde généralement pas ! Demandons-lui où il en est dans sa recherche !

Christian : Samedi dernier, un jeune homme m'a confié une expérience étrange qu'il a vécue une nuit d'insomnie. Il était sorti se promener en forêt quand il s'est mis à courir sans raison. Il lui semblait être à la fois dans un terrain connu et en même temps dans un monde aux contours différents, mal définis. Un peu comme s'il se prolongeait dans les arbres, les buissons et les pierres du chemin. Cette course folle s'est finalement achevée au volant de sa camionnette, quand il a percuté un arbre à plus de 150 km/h. L'auto était pulvérisée et lui indemne.

Depuis lors il voit un psychiatre et sans doute est-ce une bonne chose. Je dis bien « sans doute » parce que si ce fait étrange est dû à un trouble de la personnalité, c'est bien à la psychiatrie à s'en mêler. Mais le fait est que jusqu'ici ses remèdes ne semblent guère efficaces.

Alors je me dis que, peut-être, il s'agit d'autre chose. Dans le récit du garçon un détail, quand il raconte sa course folle, attire mon attention, c'est quand il parle de ce monde aux contours différents comme si lui et les choses qui l'entouraient se mélangeaient. Ce détail me rappelle ce que j'écris dans *Et s'il était temps de prendre du temps pour perdre mon temps ?* quand je parle du chant des anges :

« *Le temps suspendu ? Le temps peut-il être hors du temps ? Suis-je sorti du temps, de mon temps ? Y a-t-il dans le temps des temps d'éternité ?*

C'était en 1976. Je séjournais à la Communauté de l'Arche de Nogaret. Ce soir-là, accompagné d'une jolie Portugaise, j'étais allé, un moment guidé par Shantidas, le fondateur de la communauté, sur la tombe de sa femme, Chanterelle. La tombe était perdue dans la montagne, entourée de fleurs sauvages. Surpris par la beauté du lieu, nous nous taisions quand je me suis senti entouré d'une musique, de parfums et de couleurs que je ne connaissais pas. La musique semblait venir des parfums et des fleurs aux couleurs pastel. Tout se mélangeait. La musique était elle-même parfumée. C'était un mélange sans contours de musique, de couleurs et de senteurs. C'était comme si une âme, sortie de la terre, s'élevait lentement en chantant. Le temps était-il suspendu ? Ma compagne a murmuré quelques mots. Le charme était rompu. Nous sommes rentrés à la communauté en silence et le lendemain, comme c'était prévu, la jolie Portugaise s'en retourna chez elle. Je ne l'ai jamais revue mais je suis convaincu qu'elle a, comme moi, entendu ce que beaucoup plus tard, j'ai appelé le chant des anges.

Saint Luc évoque le chant des anges quand il raconte la naissance de Jésus. Je me suis souvent demandé en écoutant les chorales à Noël comment seuls quelques bergers avaient entendu le chant des anges. C'est parce que, contrairement à ce que j'imaginais, le chant des anges n'est pas celui des cymbales ni des trompettes, mais celui des parfums et des couleurs. Le chant des anges s'écoute dans le silence. Silence des sens, de l'esprit, du cœur et de l'âme.

Quand les anges chantent le temps est-il suspendu ? L'éternité entre-t-elle de temps en temps dans le temps ?

Ce jour-là j'étais aussi entré dans un monde différent, aux contours mal définis. Certes c'était une expérience moins dramatique que celle de mon confident, mais elle me préparait à admettre plus facilement qu'il existe un autre monde pareil au nôtre mais dans lequel les frontières sont moins cartésiennes, un monde dans lequel la musique, les parfums et les couleurs se mélangent pour ne faire qu'un. J'en étais là dans ma réflexion quand m'est revenu à l'esprit ce texte que j'ai écrit à Sainte-Marie Chevigny quand j'habitais la Communauté de l'Arche et que je n'avais pas encore trente ans. C'était en 1979.

Le jardin merveilleux

Il est en toi un jardin merveilleux où les fleurs, en toutes saisons, exhalent leur parfum ; où les oiseaux, vêtus de feu, mélangent leurs chansons au son aigrelet des eaux cristallines.

Il est en toi un jardin merveilleux où, peut-être, tu n'es jamais descendu, jamais arrêté. Alors la fleur se fane, l'oiseau se meurt et la source s'épuise.

Il est en toi un jardin merveilleux qui attend son jardinier !

A l'époque, j'étais bien trop jeune pour avoir compris la portée de ce que j'écrivais et, sans doute, que j'aurais été bien inspiré d'approfondir ma pensée. J'avais déjà entendu *« le chant des anges »*, mais je ne l'avais pas encore défini.

Aujourd'hui cela devient une évidence : ce jardin merveilleux en moi, ce jardin où senteurs, chants et couleurs ne font qu'un : c'est mon âme ! Partir à la recherche de mon être, c'est descendre vers ce jardin merveilleux qui est mon âme ! Jusqu'ici je ne savais pas trop de quoi je parlais quand j'évoquais mon âme. Aujourd'hui je la vois comme un jardin qui attend que j'y descende pour y œuvrer.

Albert : Dieu habite-t-il ce jardin ?

Christian : Il s'y promène ! Dans le récit dit du péché originel, il est écrit tout juste après qu'Adam et Eve aient mangé du fruit de l'arbre de la connaissance du bien et du mal et qu'ils se soient fait des pagnes : *« Or ils (Adam, Eve, le Serpent), entendirent la voix du Seigneur Dieu qui se promenait dans le jardin au souffle du jour. »* (Gn 3,8) Cette remarque me fait dire que Dieu n'habitait pas le Jardin d'Eden mais qu'il venait s'y promener. Il doit en être ainsi de mon âme, ce jardin si proche du chant des anges, ce jardin que je pense n'être qu'une parcelle du Jardin d'Eden.

Claude Lagarde, l'initiateur de la catéchèse qui porte son nom, demandait si Dieu vient du passé ou de l'avenir et il disait que pour certains, ils avaient tout passé : leur baptême, leur communion, leur confirmation, leur mariage, … et qu'ainsi ils n'attendaient plus rien de Dieu. Puis il insistait : et si Dieu venait de l'avenir … alors la Bible ne nous parlerait pas du passé mais de l'avenir.

Pour moi, Dieu est l'Eternel présent ! Ce qui veut dire que le Jardin d'Eden n'est pas perdu comme nous le croyons généralement, mais qu'il est enfoui ! Enfoui en moi, enfoui en toi, enfoui en l'autre, … Chacun a reçu une parcelle du Jardin d'Eden et c'est son âme ! Dieu y vient s'y promener, s'il y est invité : *« Si vous m'aimez, mon Père et moi, nous viendrons en vous faire notre demeure. »* Descendre à la recherche de mon être qui est mon âme, c'est aller à la rencontre de Jésus qui se promène en moi si je l'aime.

Julien : Ce que tu nous dis là me comble de joie et m'inspire bien d'autres réflexions ! Je pense par exemple en reliant ceci à une remarque dans une de tes dernières homélies. Tu disais que Jésus avait remplacé le mot « être » par les mots « âme » et « esprit ». Les deux mots de la définition d'un ange selon Jean Prieur, cité plus haut. C'est aussi ce que je comprends quand Jésus, qui répond à ceux qui ne croient pas à la résurrection et qui inventent une veuve aux sept maris, leur dit qu'après la mort nous serons comme des anges !

Albert : Jean Prieur écrit en effet, nous en parlions justement tout à l'heure, que l'animal est corps et âme, l'ange âme et esprit et l'homme corps, âme et esprit et que, de ce fait, il fait l'émerveillement et de l'ange et de l'animal, parce qu'il est le seul créé à l'image de Dieu.

L'âme est ce que l'ange, l'animal et l'homme ont en commun. Tu dis souvent dans tes homélies, Christian, que l'âme est appelée à être immortelle. Immortalité qui est plus un don qu'un dû ! Tu te bases pour affirmer cela sur la prière de Saint François qui dit : *« afin que la seconde mort ne leur fasse pas de mal »* et sur ces mots de Jésus : *« celui qui croit en moi a la vie éternelle ! »* Le corps, nous le savons, l'esprit, nous le constatons quand celui de ceux que nous aimons s'égare, meurent et tu crois que l'âme aussi peut mourir ?

Christian : Oui, elle est appelée à l'éternité mais c'est un don de Jésus ! Ce n'est pas un dû ! Pour cela, nous devons d'une manière ou d'une autre croire en Lui, c'est-à-dire Lui faire confiance. Il nous faut entretenir notre âme. Joseph me disait de réussir ma vie ! Seul Jésus peut m'aider à la réussir au-delà du tombeau, à la réussir jusque dans l'au-delà. A la mort, l'âme s'en va vers Dieu comme une navette file vers le terminus. La navette comme l'âme arrivent au but, pour que j'y sois aussi il faut que je me sois mis dedans. A ma mort, j'arriverai à Jésus si je me suis mis dans mon âme. Si elle arrive vide, la seconde mort lui fera du mal ainsi qu'à moi-même. Je ne crois pas à l'enfer, je crois qu'après la mort il y a la vie qu'est Jésus ou bien la seconde mort qui est néant !

Albert : L'âme, qui y croit encore ?

Julien : Tu peux lui donner d'autres noms pourvu que tu comprennes qu'il y a en toi un appel à l'éternité et qu'il a besoin que tu t'en préoccupes. Il est comme ce secret que, selon les Hindous, Dieu voulait cacher aux hommes. Il avait demandé aux anges où il pourrait le mettre pour que les hommes ne le trouvent pas. Sur la plus haute montagne ? Au plus profond des océans ou de la terre ? Dans les astres ? Dans un désert ? Au cœur de la plus infranchissable forêt ? Les hommes auraient fini par y aller ! Alors Dieu mit le secret au cœur de l'homme, le seul endroit où il ne penserait pas aller ! Et si l'âme était ce secret ?

Albert : Nous avons pour y parvenir, la prière, la méditation, prendre la main de Jésus qui est le Chemin vers notre âme.

Rappel

Rester là sans rien dire,

Sans penser ni écrire,

Etre là simplement

Avec soi, consciemment.

Suspendre le fil des idées,

Stopper la course des pensées,

Régler le souffle vagabond,

Brider la sotte agitation.

Rompre le lien de l'habitude,

Chercher, au fond, la plénitude,

Détendre l'esprit et le corps,

Puis voir ferliner le trésor.

Devenir cœur des choses

Et le parfum des roses,

Etre au moins une fois

Un peu curieux de soi.

V. Où il est encore question de l'âme

Albert : Ce que nous avons échangé à propos de Dieu et de l'âme nourrit depuis ma méditation. Peut-on vraiment la comparer à un jardin, la penser comme une parcelle du Paradis Terrestre ? Pour répondre à la question, je médite et je prie et voici, que ce matin, dans le bréviaire, je lis ceci qui, jusqu'ici, ne m'avait pas interpellé. Je te le lis en appuyant sur les passages les plus explicites :

En toute vie le silence dit Dieu,

Tout ce qui tressaille d'être à Lui !

Soyez la voix du silence en travail,

Couvez la vie, c'est elle qui loue Dieu !

Pas un seul mot et pourtant c'est son Nom

Que tout sécrète et presse de chanter ;

N'avez-vous pas un monde immense en vous ?

Soyez son cri, et vous aurez tout dit.

Il suffit d'être, et vous entendrez

Rendre la grâce d'être et de bénir ;

Vous serez pris dans l'hymne d'univers,

Vous avez tout en vous pour adorer.

Car vous avez l'hiver et le printemps,

Vous êtes l'arbre en sommeil et en fleurs ;

Jouez pour Dieu des branches et du vent,

Jouez pour Dieu des racines cachées.

Arbres humains, jouez de vos oiseaux,

Jouez pour Lui des étoiles du ciel

Qui sans parole expriment la clarté ;

Jouez aussi des anges qui voient Dieu.

Hymne de l'Office des Lectures du Jeudi III

Pour nous mener au jour,

Tu as pris corps

Dans l'ombre humaine où tu descends.

Beaucoup voudraient voir et saisir

Sauront-ils reconnaître

Ta lumière ?

Dans l'Hymne du matin du Jeudi III

L'Eglise parle donc aussi, non pas explicitement d'un jardin, mais bien « *d'un monde immense »*, fait « *d'hiver et de printemps »*, « *d'arbre en sommeil et en fleurs »*. Mais ce monde en nous, nous dépasse aussi puisqu'il touche « *aux étoiles du ciel et aux anges qui voient Dieu. »*

L'âme est, en nous, la porte qui nous ouvre à l'univers. C'est peut-être bien ce que la chèvre a compris, dans « *Sylvia parmi les bêtes »*, quand elle répond à la fillette :

- *Sylvia : Comment se fait-il que je vous comprenne, toi et les autres bêtes que nous rencontrons ?*

- *La chèvre : Ce n'est pas ce que tu entends que tu comprends. C'est ton cœur qui comprend. Tu nous comprends par le dedans. C'est ton cœur qui comprend notre cœur, et par là tu peux connaître l'univers. Plus tu veux connaître, plus tu dois te*

23

connaître. C'est la voie unique et les savants avec toute leur science n'y ont rien compris.

Julien : Et le Petit Prince, inspiré de la Bible, constate *qu'on ne voit bien qu'avec le cœur !*

Albert : Inspiré de la Bible ?

Julien : Du premier livre de Samuel, au chapitre 16, verset 7, plus exactement. C'est au moment de l'élection de David, Dieu dit à Samuel : *Ne te laisse pas impressionner par son bel aspect, ni sa haute taille, car je l'ai écarté. Ce que l'homme voit ne compte pas : l'homme regarde le visage, mais le Seigneur regarde le cœur. »*

Albert : Cela me rappelle ce dicton arabe que Sœur Emmanuelle aimait à répéter : *« Fends le cœur de l'homme, tu y découvriras un soleil ! »*

Julien : Mais comment veux-tu fendre le cœur de l'homme si tu ne connais pas le tien ? Et nous en revenons au fameux « Gnothi seauton » de Socrate : *« Connais-toi, toi-même ! »* Je pense que la vraie érudition, la vraie connaissance, n'est pas celle de l'esprit, mais celle de l'âme !

Albert : A ce point de nos discussions, je dirai donc en conclusion que Dieu Est plus qu'il n'existe, qu'il est Amour parce qu'Il est à la fois un et trois, qu'il a créé par surcroît d'amour parce que l'amour est fécond, que l'homme est à son image parce que lui aussi un et trois – corps, esprit et âme, que l'être profond en l'homme est le Soi autrement dit l'âme, jardin, parcelle du Jardin d'Eden que Dieu visite et où il demeure si nous l'aimons. Est-ce bien cela ?

Julien : Oui, c'est ce que nous croyons ! En latin, credimus !

VI. Le Prologue de Saint Jean. Méditation libre

Lundi 8 janvier 2024

« En un commencement, Dieu créa le ciel et la terre. » (Genèse 1,1) Quel commencement ? « Un » suppose qu'il y en a eu d'autres ! S'agit-il du commencement de l'humanité ? Pas besoin de la Bible si l'homme n'existe pas ! Quand l'homme a-t-il commencé à exister ? Quand s'est-il libéré du singe ? Quand il a compris qu'il était nu ! Quand un enfant commence-t-il à prendre sa liberté, à dire non ? Quand il prend conscience qu'il est nu ! *« Tous deux étaient nus, l'homme et sa femme, sans se faire mutuellement honte. »* (Genèse 2,25) *« Leurs yeux à tous deux s'ouvrirent et ils surent qu'ils étaient nus. Ayant cousu des feuilles de figuier, ils s'en firent des pagnes. »* (Genèse 3,7).

« En un commencement » pourrait aussi coïncider avec l'invention de l'écriture, sans elle, la rédaction de la Bible était impossible.

Quoiqu'il en soit de ce commencement, quand la Bible débute l'homme sait à la fois qu'il est nu et écrire !

« Dieu créa le ciel et la terre. » Dieu est un nom commun. Il s'est lui-même donné un nom devant Moïse : « Moi Je Suis », Yahvé ou Jehova ! Les hommes différents lui ont aussi donné différents noms :

O Dieu de Vérité

Que les hommes divers nomment de divers noms

Mais qui est l'Un, Unique et le Même,

Qui es Celui-qui-Est,

Qui est en tout ce qui est,

Et dans l'union de tous ceux qui s'unissent,

Qui es dans la hauteur et dans l'abîme,

Dans l'infini des cieux et dans l'ombre du cœur

Comme une infime semence.

(Prière commune de l'Arche)

La Bible l'appelle parfois l'Eternel, le Seigneur, … j'en suggère aujourd'hui un autre : « La Pensée ». Je dis donc : *« Celui-qui-est la Pensée créa le ciel et la terre »*

« Celui-qui-est la Pensée dit » (Genèse 1,2). Pour créer, Dieu Père ou Pensée dit. La création se fait par la Parole de Dieu, que j'appelle la Pensée. Ce que confirme saint Jean au début de son Evangile : *« Au commencement était la Parole et la Parole était auprès de Celui-qui-est la Pensée et la Parole était Dieu. Elle était au commencement auprès de Dieu. Tout fut par elle et sans elle rien ne fut. »* (Jean 1,1-3).

Parole *« engendrée non pas créée, consubstantielle à la Pensée et par elle tout a été fait »* (Credo de Nicée-Constantinople).

La Pensée du Père s'exprime par son Verbe et cette Parole est créatrice. La Parole de Dieu est création et vie ! *« Ce qui fut en elle (la Parole) était la vie »* (Genèse 2).

Celui-qui-est l'Etre par sa parole crée l'existence. L'Etre est à l'origine de l'existence !

La Parole est toute contenue dans la Pensée qu'elle exprime parfaitement. Et cette Parole (Jésus) *« s'est faite chair et elle a campé parmi nous »* (Genèse 1,14)

Mais la Parole n'est pas que création et vie, elle est aussi lumière et salut : *«et la vie était la lumière des hommes et la lumière luit dans les ténèbres et les ténèbres ne l'ont pas saisie. (Genèse 1, 4,5). « Debout ? Jérusalem, resplendis ! Elle est venue ta lumière, et la gloire du Seigneur s'est levée sur toi. Voici que les ténèbres couvrent la terre, et la nuée obscure couvre les peuples. Mais sur toi se lève le Seigneur, sur toi sa gloire apparaît. Les nations marcheront vers ta lumière, et les rois, vers la clarté de ton aurore. » (Isaïe 60, 1 et svt). « Le peuple qui marchait dans les ténèbres voit se lever une grande lumière ; sur ceux qui habitaient le pays de l'ombre et de la mort une lumière resplendit. » (Isaïe 9, 1) « Elle était la lumière véritable qui éclaire tout homme, venant dans le monde. Elle était dans le monde, et le monde fut par elle, et le monde ne l'a pas reconnue. Elle était venue chez elle, et les siens ne l'ont pas accueillie. Mais à tous ceux qui l'ont accueillie, elle a donné pouvoir de devenir enfants de Dieu. » (Genèse 1,9-12). « Car la Loi fut donnée par l'entremise de Moïse, la grâce et la vérité par l'entremise de Jésus-Christ. »* (Jean 1,17).

« Pour nous les hommes, et pour notre salut, il descendit du ciel ;

Par l'Esprit-Saint, il a pris chair de la Vierge Marie, et s'est fait homme ?

Crucifié sous Ponce Pilate, il souffrit sa passion et fut mis au tombeau,

Il ressuscita le troisième jour et il monta au ciel. »

(Credo de Nicée-Constantinople).

Je crois en Toi, qui est Celui-qui-Est, Père et Fils, Pensée et Parole, unis par l'Esprit d'Amour qui vous relie. Je crois en Toi, Celui-qui-Est Lumière, Vérité, Vie et Salut ! Amen !

VII. Le premier et le plus grand commandement, le second

31° dimanche B31 octobre 2021

Dt 6,4-5   Mc 12,28b-34

Pourquoi Jésus dit-il au scribe qu'il n'est pas loin du royaume de Dieu ? Dans ce contexte de polémiques durant lequel nous voyons Jésus répondre sans cesse à ses opposants, cette rencontre avec le scribe, pleine de civilités, semble être un moment de répit. L'un et l'autre se congratulent et semblent bien s'entendre. Pourtant le scribe n'est pas encore admis dans le royaume de Dieu. Que lui manque-t-il pour y entrer ? Il est venu demander à Jésus quel est le premier de tous les commandements ? C'était une question récurrente auprès des scribes qui disputaient régulièrement à ce sujet. Dans tout le fatras de commandements qui s'accumulent dans les Ecritures et dans la Tradition lequel est le plus important ? S'il n'en restait qu'un lequel serait-ce ?

Jésus, comme le scribe, connaît les Ecritures et la Tradition. Il répond sans hésiter et pas, comme à son habitude, en posant d'abord lui-même une question : *Ecoute Israël : le Seigneur notre Dieu est l'unique Seigneur. Tu aimeras le Seigneur ton Dieu de tout ton cœur, de toute ton âme, de tout ton esprit et de toute ta force.* Sa réponse est inspirée du Livre du Deutéronome (6, 4-5) qui dit : *Ecoute, Israël ! Le Seigneur notre Dieu est le Seigneur UN. Tu aimeras le Seigneur ton Dieu de tout ton cœur, tout ton être, de toute ta force.*

Vous n'avez rien remarqué ? Non ? Parce que vous êtes comme le scribe qui répond, en enfonçant le clou : *Dieu est l'Unique et il n'y en a pas d'autre que lui. L'aimer de tout son cœur, de toute son intelligence, de toute sa force, ...* Vous ne remarquez toujours rien ?

Dans le Deutéronome : il est commandé d'aimer Dieu 1) de tout son cœur, 2) de tout son être 3) de toute sa force. Pour Jésus, il est question de l'aimer 1) de tous son cœur, 2) de toute son âme, 3) de tout son esprit et 4) de toute sa force. Je pense que l'âme correspond à l'être, Jésus ajoute donc l'esprit. Dans sa réponse, le scribe parle 1) du cœur 2) de l'intelligence, 3) de la force. Il en est revenu au Deutéronome et n'a pas accepté la touche personnelle de Jésus ! Or la Volonté du Père c'est que nous écoutions Jésus et que nous croyions en lui. « Celui-ci est mon Fils bien-aimé, écoutez-le. » « La Volonté de mon Père c'est que vous croyiez en moi ! » Le scribe n'a pas écouté Jésus, il ne l'a pas cru ! Et comment entrer dans le royaume de Jésus si nous ne le croyons pas ?

Le scribe donc n'a pas écouté Jésus. En fait il n'a écouté personne ! En effet le Deutéronome et Jésus commencent le commandement par *Ecoute Israël.* Le premier commandement ce n'est pas uniquement d'aimer Dieu, c'est aussi l'écouter ! Le scribe ne le dit pas dans sa réponse. Il n'a pas écouté ! Et toi l'as-tu fait ? Ecoutes-tu la Parole de Dieu, le Verbe qui s'est fait chair ?

Mais Jésus ne se contente pas de dire quel est le premier commandement. Il ajoute le second, indissociable du premier : tu aimeras ton prochain comme toi-même ! Tout un programme ! Ce commandement nous dit en effet qu'il faut s'aimer soi-même pour pouvoir aimer notre prochain comme nous nous aimons. Mais ce commandement est aussi une question ? Est-ce que je m'aime vraiment ? L'amour que Dieu attend que je me donne n'est pas égoïste, ce n'est pas un repli sur moi, c'est amour se doit d'être connaissance, don, désintéressement.

Dans son énoncé du premier commandement, Jésus remplace « tout ton être » par « toute ton âme et tout ton esprit ». Cet être que je suis, ou pour mieux dire, que je suis appelé à devenir est âme et esprit. Le scribe a remplacé l'esprit par l'intelligence et il a oublié l'âme. S'aimer soi-même c'est aimer son âme. Aimer son prochain comme soi-même c'est aussi aimer son âme. Lui vouloir du bien, c'est vouloir le bien de son âme, c'est vouloir l'amener à la Vérité.

Si le Corps est le rapport de l'âme avec les choses et les gens, de l'homme avec les inférieurs et ses semblables, l'Esprit est le rapport et le joint de l'âme à Dieu.

N'alliez-vous pas vous desséchant

Dans vos lois de chair et de sang,

A perte d'être ?

Hébergez-le (L'Esprit Saint) vous, vous renaîtrez,

Car Dieu travaille au plus secret :

Sa lumière luit aux ténèbres.

Ouvrez la fente de vos cœurs,

Et voyez celle du Seigneur,

L'arbre de vie ;

L'arbre de vie, il en est question en Genèse 3, versets 22, 23, 24 : « Le Seigneur Dieu dit : « Voici *que l'homme est devenu comme l'un de nous par la connaissance de ce qui est bon ou mauvais. Maintenant qu'il ne tende pas la main pour prendre aussi de l'arbre de vie, en manger et vivre à jamais.* » Le Seigneur Dieu l'expulsa du Jardin d'Eden pour cultiver le sol d'où il avait été pris. Ayant chassé l'homme, il posta les chérubins à l'orient du Jardin d'Eden avec la flamme de l'épée foudroyante pour garder le chemin de l'arbre de vie. »

Il en est aussi question dans l'Apocalypse (22, 13-14) : Je suis l'Alpha et l'Oméga, le Premier et le Dernier, le commencement et la fin. Heureux ceux qui lavent leurs robes, afin d'avoir droit à l'arbre de vie, et d'entrer, par les portes, dans la cité. »

VIII. Dieu Sauveur

4°dimanche de l'Avent C. 19 décembre 2021

Psaume 79 ; Hébreux 10,5-10 ; Luc 1,39-45

Dieu, fais-nous revenir ; que ton visage s'éclaire et nous serons sauvés !

En ce quatrième dimanche de l'Avent, alors que nous attendons la venue de Jésus, en même temps nous lui demandons de nous faire revenir à Lui. Préparer le chemin du Seigneur, c'est bien entendu lui permettre de venir jusqu'à nous, mais c'est aussi aller à sa rencontre.

Ce n'est pas aller à la rencontre d'un dieu que nous nous fabriquons mais aller à la rencontre du vrai Dieu. Et ce vrai Dieu s'appelle Jésus, c'est-à-dire Dieu sauve ! Fais-nous revenir ; que ton visage s'éclaire et nous serons sauvés.

Il y en a eu des tentatives pour obtenir le pardon du péché. Abraham a voulu sacrifier son fils, mais Dieu lui a fait comprendre qu'il n'agrée pas les sacrifices humains. Abraham a remplacé son fils par un animal ! Mais Dieu au cours de l'Ancien Testament fait peu à peu comprendre qu'il n'agrée pas non plus les sacrifices d'animaux ! C'est pour prendre leur place que Jésus a chassé les animaux du Temple en même temps que leurs maîtres ! Ce ne sont pas les sangs de l'homme ou des animaux qui donnent le pardon du péché, mais le sang de Dieu !

Nous en avons déjà beaucoup parler ici et c'est ce qu'aujourd'hui Saint Paul nous redit : « Tu n'as voulu ni sacrifice ni offrande, mais tu m'as formé un corps. Tu n'as pas agréé les holocaustes et les sacrifices pour le péché ; alors j'ai dit : Me voici, mon Dieu, je suis venu pour faire ta volonté, ainsi qu'il est écrit de moi dans le Livre. » Et Saint Paul de conclure : « et c'est grâce à cette volonté que nous sommes sauvés, par l'offrande que Jésus Christ a faite de son corps une fois pour toutes. » Jésus ne meurt plus ! Le pardon du péché est acquis une fois pour toutes ! Le sacrifice de la messe ne peut plus qu'être eucharistique, c'est-à-dire d'action de grâce.

Mais qu'est-ce que cela a à voir avec notre marche vers Noël ? Dans le texte aux Hébreux, Saint Paul fait dire à Jésus : tu m'as formé un corps et l'histoire de la rencontre de Marie et d'Elisabeth montre que cette phrase de Jésus en est maintenant à son tout début.

Marie a accueilli la Parole de Dieu, ce Verbe qu'est Jésus. Elle ne l'a pas accueillie distraitement, du bout des lèvres, mais jusqu'à la question : « Comment cela se ferat-il ? » Pour garder la Parole de Dieu, il faut aller jusqu'à la questionner ! Et la question apporte une réponse qui met en mouvement : ta cousine est enceinte et Marie part en hâte pour vérifier la Parole ! Elle y croit tellement qu'elle n'attend pas !

Jésus, le Verbe devient chair, corps et, déjà il est en Marie. La mère de mon Sauveur qui vient à moi ! Heureuse celle, celui, qui a pris la Parole de Dieu au sérieux, qui a su la garder et se mettre en route !

Dieu, fais-nous revenir ; que ton visage s'éclaire et nous serons sauvés ! Amen !

Chapitre II: De la non-violence

I. La Non-violence à la lumière des Evangiles

De quatre façons de résoudre les conflits

Il y avait, dans la cour de l'école où j'enseignais, trois beaux marronniers qui donnaient une quantité impressionnante de marrons pour le plus grand plaisir des écoliers. Quand mes élèves avaient été sages, nous sortions, un peu avant l'heure de la récréation, pour leur permettre d'être les premiers à s'en mettre plein les poches. Or, ce jour-là, un gamin de sept ans vint se plaindre qu'il n'avait pas de marrons parce que « les grands » ne voulaient pas qu'il en ramasse.

Le problème n'était pas qu'il manquait de marrons, mais que des enfants abusaient de leur force pour imposer une loi injuste qui voulait que les petits n'aient pas de marrons. Les gamins, victimes de cette injustice, avaient réagi de manières diverses.

Les uns, enfreignant la loi, répondaient à leurs aînés en rendant coup pour coup. A l'injustice et à la violence, ils opposaient la violence.

D'autres, brisés par la brutalité des grands, s'étaient soumis, s'offrant même pour ramasser des marrons pour leurs oppresseurs. A l'injustice et à la violence, ils répondaient par la capitulation, la soumission et la collaboration.

D'autres encore, sans engager le combat, avaient accepté la loi comme inévitable. A l'injustice et à la violence, ils répondaient par la lâcheté.

D'autres enfin que les marrons n'intéressaient pas, jouaient paisiblement à l'écart. A l'injustice et à la violence, ils opposaient l'indifférence.

Cette cour d'école était à l'image de notre société. La terre – notre mère, la terre, comme l'appelait saint François et la considéraient les Indiens -, peut produire assez pour nourrir toute l'humanité. Les études les plus optimistes parlent de 35 milliards d'êtres humains, mais une minorité - essentiellement localisée en Amérique du Nord, au Japon et en Europe – impose un système économique injuste qui permet aux uns de s'enrichir outrageusement au détriment des autres, en nombre croissant, à qui il ne reste que la misère, la faim, la maladie et la mort. C'est ainsi, par exemple, que tous les quinze jours, on dépense pour l'armement une somme équivalente à ce qu'il faudrait annuellement pour assurer l'eau, la nourriture, l'éducation, les soins médicaux et le logement à tous les habitants de la planète ; qu'il n'y a pas une goutte de lait pour tous les enfants mais que sur chaque tête pèse la menace de plusieurs tonnes d'explosifs ; qu'ici on meurt de trop consommer alors que là on meurt de faim. « Un abîme a été placé entre vous et nous », dit Abraham au mauvais riche de l'Evangile. Un abîme creusé de main d'homme qui enrichit scandaleusement les uns au détriment des autres. (2).

Parce qu'elle ne respecte pas tous les hommes, valeur suprême, sans laquelle les autres valeurs ne sont rien, cette situation d'injustice, qui se développe sous des dehors de droit, d'ordre et de démocratie, est fondamentalement néfaste et violente. Devant elle, les réactions peuvent être quatre : la violence de révolte, la capitulation, la lâcheté et l'indifférence.

Pour Dom Helder Camara, la violence de révolte est consécutive de l'injustice qu'il appelle violence mère. La violence de révolte est elle-même la cause de la violence de répression, exercée pour maintenir l'injustice. Ainsi l'exemple de Camillo Torrès et de tant d'autres révolutionnaires latino-américains qui devant l'exploitation du peuple (violence mère) s'engagent dans la guérilla (violence de révolte) et meurent criblés de balles (violence de répression).

Mais, comme nous l'avons dit, la violence n'est pas la seule réponse à la violence. La capitulation qui consiste, après avoir constaté la supériorité de l'adversaire, à se soumettre à sa loi parfois en échange de quelque avantage, en est une autre. C'est ce qu'ont fait les Maharadjahs indiens qui, en échange de plantureux bénéfices, ont vendu le peuple à l'envahisseur anglais. C'est aussi le choix du gouvernement norvégien qui vendit le pays à Hitler dans le but de garder un semblant d'autorité.

La réponse du lâche est de fuir le combat et de se tenir à l'abri des coups. Il est parfois proche du violent même s'il n'emploie pas directement la violence. Il se tient derrière lui, lui laisse prendre les coups et en cas de victoire de celui-ci, réclame avec lui justice et avantages. C'est ce que nous faisons quand nous abandonnons notre défense et notre sécurité aux spécialistes que sont les policiers et les militaires, quand nous acceptons qu'ils règlent nos problèmes, quand nous les laissons, seuls, exposer leur vie pour nous. On l'a vu lors de « l'affaire Dutroux ». Aussi longtemps que les enfants avaient disparu, leurs parents se sont plaints de la passivité des braves gens. Une fois, Marc Dutroux arrêté, on n'a plus compté le nombre de ceux qui sont venus l'insulter, le menacer, lui cracher au visage. Quel courage, ils ont montré là !

Reste l'indifférence avec laquelle nous nous accordons si volontiers quand l'injustice ne nous concerne pas directement. Que nous importent en effet que les deux tiers de la population mondiale souffrent de malnutrition ; les milliers de femmes violées en Afrique ; les attentats quand ils ont pour cibles les populations du Maghreb ; les migrants entassés sur des embarcations de fortune, leur noyade, leur expulsion, … ?

Toutes ces réponses à l'injustice, violence mère, « ordre prétendu établi », ont ceci en commun avec elle, qu'elles sont aussi irrespectueuses de tous les hommes. Ou bien, elles tolèrent le mal et le renforcent, ou bien elles remplacent un mal par un autre mal, parfois plus grand encore. C'est ainsi, par exemple, que pour lutter contre le crime, on tue l'assassin, si possible après l'avoir torturé, ce qui, mathématiquement parlant, ne fait qu'ajouter un cadavre et un assassin. Toutes ces réponses n'arrêtent pas la violence, elles la redoublent.

Existe-t-il une réponse à la violence et à l'injustice qui soit respectueuse de tous les hommes ?

<h1 style="text-align:center">De la non-violenc</h1>

Cinq cents avant Jésus- Christ, Bouddha enseigne déjà que : « *ce n'est pas avec le mal qu'on arrête le mal mais que c'est avec le bien* » et il juge bon d'ajouter que : « *telle est la loi ancienne.* », montrant ainsi que cette vérité évidente n'est ni révolutionnaire ni nouvelle.

Jésus la reprend à son compte et, dans le Sermon sur la montagne, il la précise et il en fait un commandement : « *Vous avez appris qu'il a été dit : Tu aimeras ton prochain et tu haïras ton ennemi. Eh bien ! Moi, je vous dis : Aimez vos ennemis et priez pour ceux qui vous persécutent, afin de vous montrer les fils de votre Père des cieux.* » Explication amplifiée de la septième béatitude : « *Heureux ceux qui font la paix car ils seront appelés fils de Dieu.* » Commandement formel qui exige des disciples de Jésus qu'ils aiment leurs ennemis et ce, au point de donner leur vie pour eux. Jésus en effet enseigne par ailleurs ; « *qu'il n'est pas de plus grand amour que de donner sa vie pour ceux qu'on aime.* » Il ne s'est pas contenté de l'enseigner : il a prêché d'exemple en souffrant sa passion et en mourant sur la croix.

L'amour voulu par Jésus ne s'accommode ni de l'injustice ni du mal. Il est agressif, actif et dynamique contre le mal et l'injustice, mais jamais il ne nuit à celui qui fait le mal. Il n'adopte pas un silence complice, mais il dénonce sans relâche et joint parfois le geste à la parole. « *Quoi,* dit Jésus, alors qu'il renverse les tables et poursuit les bestiaux, *vous faites du Temple une caverne de voleurs ? Alors sortez ! Votre place n'est pas ici !* » Est-ce bien le doux Jésus qui pleure avec Marie et qui accueille les enfants qui se démène ainsi en s'adressant aux marchands ? Oui, le même si calme quand tous s'agitent, qui devient colère quand tous ronronnent en se vautrant dans l'injustice. Le même aussi qui se charge de la faute de l'homme pour l'en libérer. Toujours il combat le péché, jamais il ne combat le pécheur ! Mieux il donne sa vie pour le pécheur dans l'espoir qu'il se convertisse. Pour combattre le mal, il ne fait pas le mal, mais il le prend sur lui et le noie dans le bien. Il se dresse contre l'erreur et le mensonge par la Vérité, contre la haine par l'Amour. Contre la fatalité, il donne sa vie, montrant par-là que Dieu ne méprise pas la vie des hommes puisqu'il sacrifie la sienne pour qu'ils vivent. Il témoigne ainsi qu'aux yeux de Dieu, toute vie humaine est sacrée et que nul n'a le droit de la prendre. Chaque homme pour Dieu est sacré et nul n'a le droit de le tuer, de le tromper, de le torturer, de l'exploiter.

Jamais l'amour voulu par Jésus ne fuit le combat, jamais il ne se fait complice du mal. Il ne nuit à aucun homme pas même à l'ennemi. Son action : réveiller les consciences, aller chercher en chacun les puissances enfouies de justice, de vérité et d'amour, en tendant l'autre joue, en fendant le cœur de l'adversaire pour faire venir au jour le soleil qui y est enfoui. Cet amour que les chrétiens nomment « charité », d'autres l'appellent « force de vérité », « force d'aimer » ou encore « non-violence ». La non-violence est ce moyen de résoudre les conflits sans nuire à l'adversaire ; ce moyen qui dit non à la violence, à la capitulation, à la lâcheté, à l'indifférence ; ce moyen qui veut plus convaincre que vaincre.

Ce moyen, cette arme qu'ont employé Gandhi, Martin Luther King, César Chavez, Danilo Dolci, Dom Helder Camara, Lanza del Vasto, Jean Goss, saint Martin, saint Benoît, saint François et tant d'autres qui ont témoigné ainsi de sa pertinence et de son efficacité. Gandhi disait que d'un violent, il pouvait faire un non violent, mais que d'un lâche, il ne pouvait rien faire. Qu'aurait-il dit d'un indifférent ?

Le cancer de notre société me semble être justement son endormissement devant l'injustice, son indifférence et sa paresse devant la misère et le drame de tant de femmes, d'enfants et d'hommes, victimes de la soif de puissance et de l'arrogance de quelques-uns.

La non-violence est donc le moyen de résoudre les conflits qui, bien sûr, dit non à la violence mais aussi non à la capitulation, non à la lâcheté, non à l'indifférence. La non-violence ce n'est pas une absence de guerre ou de conflit, elle est une manière, respectueuse de l'ennemi, de résoudre les conflits. Elle est une manière de se défendre tout en aimant son ennemi.

La non-violence c'est faire le pari qu'il y a dans chaque homme un soleil, qu'il y a en lui, parfois profondément enfoui, un sentiment de justice. Le combat non violent, car il s'agit d'un combat et il n'y a pas de non-violence possible quand il n'y a pas de conflit, le combat non violent donc c'est de réveiller chez l'ennemi ce sentiment de justice.

Tous nous avons besoin de justifications. Tous nous nous servons de justifications pour expliquer nos comportements. Mais les justifications sont rarement la justice. Nous devrions chercher à vivre plus de justice que de justifications. Je justifie le coup de poing que je donne par la gifle que je viens de recevoir. Il justifie le coup de bâton rendu par le coup de poing reçu. Ainsi la spirale de violence qui aboutit à l'arme nucléaire. Jésus, en proposant de tendre l'autre joue, met fin à cette spirale de violence. Il ne répond plus au mal par le mal. Mais en restant sur le terrain, il dit non à la lâcheté, à la violence, à la capitulation, à l'indifférence et il invite l'autre à la réflexion, à réfléchir sur ce qu'il est en train de faire. Il lui enlève une justification et l'invite à redécouvrir la justice qui est en lui et qui est de faire le bien.

A l'exemple de Jésus, nombre d'hommes et de femmes, ont choisi la non-violence pour résoudre leurs conflits. J'en cite des exemples régulièrement dans mes homélies, j'en ai noté quelques-uns dans mes livres, entre autres dans Visite à Saint-Antoine, j'en ai fait le leitmotiv de la plupart de mes contes, je me suis efforcé de l'appliquer au mieux tout au long de ma vie. Elle est pour moi la fine pointe de l'Evangile. Jésus que nous disons être le Fils de Dieu a été le premier, sinon le seul, à prêcher l'amour de l'ennemi.

Le grand ennemi de la non-violence, c'est l'indifférence. Puissent les hommes devenir plus humains en revenant à plus de charité et de miséricorde.

Saint-Antoine, le 28 novembre 2019

II. Dans un camp en Allemagne

Jean Goss racontait que lorsqu'il était en captivité en Allemagne, le chef de camp choisissait, chaque soir, un prisonnier qu'il passait à tabac. Mais ce soir-là, un des hommes, que les amis de Jean soupçonnent d'être lui-même, sortit des rangs et demanda à être la victime du jour. L'autre, interloqué, lui demanda combien il croyait qu'il « allait recevoir de coups sur la g… »

- Je n'en sais rien, lui répondit-il, je laisse cela à ta conscience !

- Ma conscience ?... Ma conscience, je n'en ai pas !

- Si, tu as une conscience ! Tu l'as peut-être oubliée, mais tu as une conscience et elle te parle !

Le chef de camp, ébranlé et sans doute touché par le courage de cet homme, se détourna et ne frappa personne ce soir-là, pas plus que les jours qui suivirent. C'était la première fois que quelqu'un lui avait parlé de sa conscience !

Plus tard, quand des prisonniers s'enfuirent, il prit leur défense et fut fusillé à leur place. Aimez vos ennemis, priez pour ceux qui vous persécutent : vous avez le pouvoir de faire d'assassins des héros et des saints.

III. Fends le cœur de l'homme, tu y trouveras un soleil

Harre 2013

La nuit est déjà là ! Pourtant il n'est pas tard mais, en janvier, les jours sont courts. Et nous sommes en janvier, le premier de ce mois et de et de cette nouvelle année 1983. Ce matin, mon frère, ma belle-sœur, les deux gamins et moi-même, nous avons repris la vieille Coccinelle, nous avons quitté Karvina à la frontière avec la Pologne et nous avons traversé la Tchécoslovaquie en direction de l'Autriche où nous projetons de passer la nuit avant notre retour en Belgique. Il a beaucoup neigé et nous avons voyagé sur des routes glissantes. Cela ne semble pas impressionner notre vieille auto qui en a vu d'autres, de toutes les couleurs comme en témoigne sa carrosserie. Nous avons choisi de faire route avec elle, malgré son âge, parce que nous avons estimé que parmi toutes nos voitures, elle était la plus apte à avaler sans dommage l'essence de mauvaise qualité que l'on sert ici et qui laisse dans les rues encombrées une forte odeur de naphte.

Maintenant il fait noir et nous sommes à quelques encablures de la frontière avec l'Autriche. Nous y serions déjà si les choses ne traînaient pas tant à la douane, mais en ces temps de guerre froide, on ne quitte pas la Tchécoslovaquie sans montrer patte blanche et comme à chaque fois, la file est longue des autos qui attendent. Pour occuper le temps, nous nous racontons les vexations que d'autres ont subies en passant la frontière : tel qui fut inquiété parce qu'il avait emporté quelques saucisses et qu'ainsi il affamait le bon peuple tchèque, tel autre qui n'emportait rien et qui s'était vu reprocher de n'avoir pas apprécié les produits du terroir, ou cet autre encore à qui on avait retiré les pneus de sa voiture pour vérifier que rien n'y était caché. Mais l'attente est longue et les anecdotes pour la combler trop peu nombreuses. Je suis coincé à l'arrière de l'auto entre les Pampers et les deux gamins. Georges, le plus jeune, s'est endormi sur mes genoux. Malgré tout la file avance, ce sera bientôt notre tour. Tout à une fin, même les attentes à la douane ! Encore trois voitures, deux, une, c'est à nous. Mon frère baisse la vitre, le douanier se penche, nous souhaite le bonsoir, nous demande si nous n'avons rien à déclarer… et Georges qui se réveille se met à pleurer. Alors l'homme nous dit : *« Allez-y ! Moi aussi j'ai des enfants ! »* Dans les pires dictatures, dans les situations les plus noires, il y a des hommes qui ont des enfants et qui se laissent attendrir.

Le film *« Illégal »,* vu sur la trois, ce 6 février 2013, nous emmène dans un Centre de détention pour sans papiers. Pudiquement, nous appelons cela un Centre Fermé, mais nous pourrions tout aussi bien l'appeler un Camp de Concentration puisqu'on y concentre tantôt des hommes, tantôt des femmes, des familles, des enfants dont le seul crime est de n'être pas belges. (Nous emmenons des cohortes de jeunes dans les camps de concentrations nazis avec comme but louable qu'ils se souviennent mais, en même temps, nous ouvrons des centres fermés où sont parqués des femmes et des enfants dont le crime est de n'avoir pas de papiers).

Dans l'univers glauque de ce Centre Fermé, se mélangent détenus et garde-chiourmes. Parmi ceux-ci, une jeune femme pas totalement imperméable à la pitié : on la voit partager une clope avec une prisonnière. Elle travaille là pour nourrir ses deux enfants qu'elle élève seule et parce qu'elle n'a rien trouvé d'autre. La prisonnière le lui reproche : avoir deux enfants à nourrir n'est pas une excuse pour détruire ceux des autres. La garde-chiourme se défend, mais quand la prisonnière se pend parce qu'il n'y a plus que la mort qui puisse la faire sortir de cet enfer, elle s'enfuit et quitte son uniforme (de bourreau). Dans les pires dictatures, dans les situations les plus noires, il y a des hommes et des femmes qui ont une conscience.

Sœur Emmanuelle rappelait souvent ce dicton arabe : *« Fends le cœur de l'homme, tu y découvriras un soleil ! »* Dans les pires dictatures, dans les situations les plus noires, il y a des hommes et des femmes qui se laissent fendre le cœur. Et c'est peut-être à cause d'eux que Dieu croit en l'homme.

IV. Afin d'être vraiment les fils de votre Père qui est aux cieux !

Lévitique : 1-2,17-18 : Corinthiens : 3, 16-23 Matthieu 5,38-48

L'Evangile d'aujourd'hui fait suite à celui de la semaine dernière. Jésus est assis en face de ses disciples et il est occupé avec son fameux Sermon sur la montagne qui commence par les Béatitudes. Pour le moment, il développe les grandes exigences de l'Amour que toute indélicatesse blesse. Parmi ces indélicatesses, la semaine dernière, il citait le fait de désirer une femme dans son cœur, de se mettre en colère contre son frère, de ne pas faire qu'un oui soit oui et un non, non.

Aujourd'hui, il enfonce le clou et nous dit d'aimer nos ennemis et de prier pour ceux qui nous persécutent *« afin que nous soyons vraiment les fils de notre Père qui est aux cieux. »* Encore une exigence bien difficile à respecter. Aimer son ennemi ! Voici certainement un des sommets de l'Amour ! Jésus a dit qu'il n'y a pas de plus grand amour que de donner sa vie pour ceux qu'on aime. Le plus haut point de l'Amour est sans doute de donner sa vie pour son ennemi qu'on aime. C'est ce que Jésus fait sur la croix ! Il donne sa vie pour les hommes qui le crucifient et il a cette parole insoutenable : *« Père, pardonne-leur : ils ne savent pas ce qu'ils font ! »*

Je me souviens que l'année dernière, nous avions déjà abordé la question et que nombre d'entre nous avaient été choqués. Aimer son ennemi, c'est impossible, disaient-ils ! Et ils avaient raison mais, comme le dit aussi Jésus, ce qui est impossible à l'homme est possible à Dieu. La semaine dernière nous disions que Jésus est le seul à pouvoir réussir notre vie. Jésus est le seul capable, si nous nous y préparons et si nous lui faisons confiance, à nous faire aimer notre ennemi !

L'année dernière déjà, je disais que je ne connais personne d'autre que Jésus qui nous engage à aimer nos ennemis et à prier pour eux. Cette exigence de l'Amour, Dieu seul pouvait en avoir l'idée !

Aimer son ennemi, ce n'est pas se laisser faire ! Ça ce serait être lâche et l'Amour n'a rien à faire avec la lâcheté ! Jésus nous dit quand on nous frappe sur une joue de tendre l'autre, de donner aussi notre manteau à qui veut prendre notre tunique, de faire deux mille pas avec celui qui veut nous en faire faire mille. Autrement dit, il ne nous dit pas de fuir le combat mais d'y rester en répondant au mal par le bien. *« Ce n'est pas avec le mal qu'on arrête le mal,* disait déjà Bouddha, *c'est avec le bien qu'on arrête le mal. Telle est la loi ancienne ! »* Celle loi ancienne, Jésus la fait sienne et il l'érige en commandement.

Exigence insoutenable, impossible ? Nous venons de dire que tout est possible à Dieu et que cela nous est possible si cela nous est donné par Jésus ! En 1982, peu avant mon départ de la Communauté de l'Arche, en France, j'avais entendu dire qu'une jeune fille avait été assassinée. De retour en Belgique, je suivais les informations sur les chaînes françaises, espérant en savoir plus long sur cette affaire. Bien vite on apprit que l'assassin était le petit ami de la pauvre fille. A l'époque cela dépassa le fait divers parce que les parents de la victime demandaient qu'on ne condamne pas l'assassin. Ils allaient même jusqu'à dire qu'il était leur fils. Cela scandalisait les journalistes qui les pressaient de questions. Finalement la maman répondit : *« nous sommes chrétiens ! »* Trois mots qui mirent fin au débat ! Cet amour insoutenable, seul Dieu peut le donner !

Mais ces parents ne sont pas les seuls, souvenez-vous de cette histoire que je vous ai déjà racontée et qui me vient de Jean Goss.

Il racontait qu'au sortir d'une conférence donnée au Liban, alors en guerre, un prêtre l'avait félicité d'oser parler de la non-violence dans des situations aussi dramatiques, puis il avait confié qu'auparavant, il était capitaine dans les milices chrétiennes. Il y avait eu un attentat contre les chrétiens et il avait reçu l'ordre d'organiser un ratissage. Cela consistait à encercler un village, à y bouter le feu et à en massacrer les habitants. On était loin de la loi du talion : *« Œil pour œil et dent pour dent ! »* On en était plutôt à la loi d'un village pour un homme ou du plus de mal possible à l'ennemi. Il obéit sans réfléchir à cet ordre qu'il exécuta parfaitement.

Mais le dimanche suivant, à la messe, il réentendit le commandement de Jésus : *« Eh bien, moi je vous dis : Aimez vos ennemis, priez pour ceux qui vous persécutent. C'est ainsi qu'on reconnaîtra que vous êtes fils de Dieu. »*

Troublé, il alla voir le curé dans sa sacristie et il l'interrogea sur cet évangile. Le prêtre le rassura en lui expliquant qu'en temps de guerre, il faut parfois mettre entre parenthèses la Parole de Dieu.

Quelques jours plus tard, alors qu'il était dans sa villa, il fut surpris par un jeune musulman, qui le mit en joue en lui disant qu'il allait payer pour le massacre qu'il avait organisé quelques jours plus tôt. Notre homme était un militaire aguerri. Il observa que son adversaire n'était encore qu'un novice inexpérimenté et il se rendit compte qu'avec un peu de chance, il ne lui serait pas difficile de le désarmer et de tourner la situation à son avantage. C'est ce qu'il fit : il désarma son adversaire et le mit en joue. Mais au moment où il allait tirer, la parole de Jésus lui revint en force : *« Aimez vos ennemis ! »* Alors il rendit son fusil au musulman et lui dit *: « Mon Dieu* *m'interdit de tuer ! »* Le jeune ne prit pas l'arme se contentant de lui répondre : *« Le mien aussi ! Nous devons en témoigner ! Pour moi, ce ne sera pas long : je n'aurai pas rempli ma mission et je serai exécuté ! Toi, témoigne ! »*

Le capitaine quitta l'armée, fut ordonné prêtre et ce soir-là, devant Jean Goss, pour la première fois, il témoigna.

De nombreux saints ont aussi vécu l'amour jusque-là. Dans « Visite à Saint-Antoine », je le dis quand je parle de saint Pérégrin et de saint Benoît. On pourrait en citer beaucoup d'autres.

Non, l'amour de l'ennemi n'est pas impossible puisque tant de témoins ont montré par leur vie qu'il était possible.

La semaine dernière, je terminais mon homélie ainsi : *« Choisis la voie qui conduit à la vie, aime et fais ce que tu veux, dans les bras de Jésus. »*

Oui, il est bien le seul à nous aider à aller jusqu'au sommet de l'Amour ! C'est à nous de choisir si nous le désirons ou non ! Amen !

V. Le mal, le bien, la vérité. Témoignage

5 mars 2021

Le mal est-il l'ennemi du bien ? La sagesse populaire semble en douter, elle qui affirme que c'est le mieux qui est l'ennemi du bien.

Et dans son entretien avec Nicodème, rapporté par Jean dans son Evangile au chapitre 3, Jésus ne l'oppose pas au bien mais à la vérité : *« Celui qui fait le mal déteste la lumière : il ne vient pas à la lumière, de peur que ses œuvres ne soient dénoncées ; mais celui qui fait la vérité vient à la lumière, pour qu'il soit manifeste que ses œuvres ont été accomplies en union avec Dieu ». (Jean 3,21)*

Pour lutter contre le mal, ce ne serait donc pas l'arme du bien mais celle de la vérité qu'il nous faudrait employer. Bouddha enseigne que c'est avec le bien qu'on combat le mal. Peut-être que la vérité est encore plus réaliste et efficace !

Mais qu'est-ce que la vérité ? A cette question de Pilate, Jésus ne répond pas parce que, comme le dit Lanza del Vasto, elle n'est pas du bruit dans la bouche ni le résultat de longues cogitations philosophiques.

La Vérité est Dieu, disait Gandhi et Jésus : « Moi Je Suis (Dieu) le Chemin, la Vérité, la Vie »

On ne lutte pas contre le mal avec le bien mais avec Dieu !

Un fait divers récent illustre bien mon propos. C'était le 28 février 2021, dans cette Birmanie au bord de la guerre civile, depuis que la junte militaire a renversé le pouvoir démocratique pour imposer sa loi. Les manifestations pacifiques s'y succèdent et déjà de nombreux martyrs sont tombés. La première, Mya Thwe Thwe Khaing est morte à dix-neuf ans. Elle témoigne que les jeunes d'aujourd'hui sont capables d'héroïsme, capables de se sacrifier pour la justice et les droits de l'homme.

Sa mort ne fut pas vaine car elle a précipité l'Eglise dans la contestation. Depuis le cardinal Charles Bo n'a cessé de s'opposer aux violences de la dictature.

Et ce 28 février 2021, sœur Ann Nu Thawng, témoin des violences de la police contre une centaine de jeunes qui manifestaient pacifiquement, s'est avancée devant les policiers et, tombant à genoux elle a prié et elle les a suppliés de ne pas tuer des innocents. Ils se sont arrêtés, certains s'agenouillant eux aussi pour prier avec la sœur. Les jeunes ont ainsi été épargnés ! Sœur Ann a témoigné de la Vérité ! Elle a rendu actuel et authentifié le commandement de Jésus qui nous dit de ne pas résister aux méchants et de prier pour ceux qui nous persécutent. Elle a montré l'efficacité de la force de la Vérité dont le nom le plus connu est non-violence. Elle a prouvé la force de l'arme des chrétiens qui s'appelle amour et prière. « Il n'y a pas de plus grand amour que d'offrir sa vie pour ceux qu'on aime. »

Que son exemple nous donne à chacun l'audace et le courage de la foi. Qu'il soit pour nous un encouragement à bien nous préparer à Pâques pour que nous puissions connaître la Paix ! la Force ! la Joie de la Résurrection.

VI. Pour Jésus, lutter contre ses ennemis ne peut se faire que par la non-violence

Extrait de l'homélie du 20 février 2022

Dans la première lecture, nous avons vu David épargner Saül qui a juré sa mort et qui le poursuit. Saül n'est pas un barbare d'autrefois mais, si j'en crois nos feuilletons télévisés, reflet exagéré, amplifié de ce que nous vivons et de ce que nous pensons, Saül est un homme bien de notre temps. En effet, aujourd'hui, il est devenu normal, banal d'éliminer celui qui dérange. Lequel de nos feuilletons n'est pas entaché tôt ou tard par un assassinat. Dans ce concert constant de violence, David choisit une autre voie. Ce n'est pas celle de la lâcheté : il va jusque dans la tente de son ennemi, mais celle du respect et de l'amour : il lui laisse la vie sauve. Son but n'est pas la vengeance, mais la réconciliation ! Son but n'est pas la mort, mais la vie !

Sans s'en douter, il préfigure l'enseignement de Jésus : Ne résistez pas aux méchants, priez pour ceux qui vous persécutent. Et, comme pour les béatitudes, nous avons bien du mal à suivre Jésus sur ce coup-là !

Pourtant Jésus ne nous demande ni d'être lâches ni d'être indifférents, ni d'être dupes ni inconscients, ni d'être soumis ni utopiques. Au contraire ! Il nous dit d'occuper le terrain et de tendre l'autre joue, c'est-à-dire de répondre au mal par la vérité de l'amour qui est une autre façon de désigner la non-violence ; de répondre à la violence par la prière.

Martin-Luter King écrivait : *« La résistance non-violente ne cherche pas seulement à éviter de se servir de la violence physique ou extérieure. Elle concerne aussi notre être intérieur. Elle consiste à refuser la haine et à vivre selon des principes fondés sur l'amour. Il faut briser le cercle vicieux de la haine et de la violence et retrouver la fraternité humaine. Celui qui me fait du mal se fait d'abord du mal à lui-même.*

Le principe de non-violence est fondé sur la conviction que l'univers est du côté de la justice. C'est une foi profonde en l'avenir basée sur l'idée selon laquelle Dieu est toujours pour la vérité et pour la justice. »

Face la haine, la violence et l'indifférence, les chrétiens ont une arme doublement efficace : la non-violence et la prière. L'an dernier, en Birmanie, sœur Ann nous l'a encore montré en occupant le terrain avec audace et détermination.

Paix ! Force ! Joie !

VII. Ne pas s'engager dans la guerre

Saint Antoine, le 14 mai 2022

Monsieur le Ministre,

La nature est en paix. Assis sur la terrasse, je profite de la sérénité du moment. Le soleil est chaud, le ciel bleu, le chat dort deux chaises plus loin, les lilas sont fleuris, un oiseau chante au verger répondu par un autre dans le bois. Tout est calme si ce n'est le passage fréquent d'une auto. Nous sommes samedi, jour propice pour courir, faire du bruit et la fête. Les hommes sont ainsi devenus qu'ils ne sont plus, comme les araignées, qu'un ventre à satisfaire.

La nature est en paix, les hommes agités et l'Europe en guerre. De ce dernier constat, la presse wallonne en général et la RTBF en particulier, font leurs choux gras et leurs profits. Mais, comme souvent, les journalistes informent moins qu'ils manipulent. Leur discours est, dans la plupart des cas, exclusivement à charge. Ils taisent tout ce qui n'abonde pas dans la ligne qu'ils se sont fixée et, de ce fait, ils trompent et ils mentent.

Ainsi à propos de cette guerre qui oppose la Russie à l'Occident, ils omettent de rappeler les paroles récentes du président Biden qui disait à son homologue chinois que le monde est assez vaste pour qu'ils se le partagent en deux ; que la Russie craint à juste titre d'être encerclée par les forces occidentales ; que l'OTAN, prévue comme une alliance défensive, a régulièrement outrepassé ses droits en devenant agressive et qu'elle ne cesse de s'élargir sous des prétextes qui n'ont plus rien de pacifiques.

Monsieur Biden et les chefs d'Etats européens professent la main sur le cœur et la bouche en cul de poule qu'ils défendent la démocratie et le droit contre la dictature et l'obscurantisme.

Mais de quelle démocratie et de quel droit parle-t-on ? Certainement pas de celui des peuples de disposer d'eux-mêmes ! Nous a-t-on demandé notre avis quand il s'agissait de mentir aux Russes, de les accuser de tous les crimes et de taire nos magouilles et nos forfaits ? Les dirigeants occidentaux ont menti en reniant leurs engagements et ils nous ont trahis en même temps que nos ennemis !

Ce ne sont pas eux qui supporteront les conséquences de cette guerre qu'ils ont eux-mêmes engagée par leur arrogance et leurs mensonges. Ce sont les petites gens qui souffriront comme c'est déjà le cas en Ukraine, comme chaque fois en cas de crise. Ce ne sont ni les politiques ni les experts, ni les spécialistes ni leurs complices de la presse qui ont souffert financièrement de la crise de la Covid, c'est la population ! Cette population qui a pu apprécier à quel point ses dirigeants étaient proches d'elle quand ils ont refusé de prendre sur leurs plantureux salaires pour lui venir en aide. Ce ne sont pas ceux-ci qui ont payé pour couvrir la débâcle des banques, c'est le peuple ! C'est lui aussi qui souffre et qui souffrira de la guerre, ce ne sont pas ceux pour qui il a voté. Car c'est cela que grâce à vos magouilles la démocratie belge est devenue aujourd'hui : « Vote, soumets-toi et cause toujours ! »

Belle démocratie dans laquelle les plus faibles paient systématiquement pour les erreurs des puissants et des arrivistes de tous poils !

Belle démocratie qui envoie en guerre ses citoyens sans les informer correctement ni leur demander leur avis !

Il est temps maintenant de faire la paix, non pas en courant le monde – notre environnement ne le supporte plus – pour accuser l'autre de crime de guerre. Il n'y a pas de criminels de guerre ! Il y a des criminels qui font la guerre ! Il n'y a ni guerre juste ni guerre sainte ! Toute guerre est un crime contre l'humanité !

Il est temps de faire la paix, en reconnaissant nos mensonges et nos erreurs ; en demandant pardon pour le mal que nous avons fait ; en rétablissant un dialogue avec l'ennemi et en lui demandant de faire de même ; puis voir avec lui comment reprendre des relations saines, basées sur la confiance sans traîtrise ni mensonge, sans esprit de domination ni de conquête, sans la rage d'avoir raison.

L'absence de guerre n'est pas la paix. Ni le mensonge, ni l'injustice, ni l'orgueil ni la lâcheté ne font la paix ! Il est temps de faire la paix !

Je compte sur vous pour y œuvrer en vous priant d'agréer mes meilleures salutations.

Paix ! Force ! Joie !

Chapitre III. Du respect émerveillé de tout ce qui vit

I. Plaidoyer écologique

Saint Ignace de Loyola enseigne que la vocation de l'homme est de louer, de respecter et de servir Dieu. Tout un programme qui, avouons-le, ne nous concerne guère. Car si même nous le professons, qu'en faisons-nous quand il s'agit de choisir une carrière, d'orienter nos enfants ou de prendre une décision importante ? Sommes-nous alors préoccupés de réussir dans la vie ou de réussir notre vie ? Questions embarrassantes, sans doute, qui sont celles de l'Evangile. *« A quoi sert à l'homme de gagner l'univers s'il vient à perdre son âme ? » « Qui veut gagner sa vie, la perdra ; qui la perd la sauve ! »*

Louer, respecter et servir Dieu : vocation de l'homme, oui. Mais vocation aussi de l'Eglise tout entière. Le Christ n'est pas venu enseigner une religion individuelle, mais une proposition de salut collective. Ainsi dans le Pater, nous demandons que le Règne de Paix, d'Amour, de Joie et de Fraternité du ciel vienne aussi sur la terre. Ainsi la Bible et l'Eglise parlent du peuple de Dieu qui cherche à pratiquer, sur la terre la Justice du ciel. Et comment notre civilisation de moins en moins chrétienne œuvre-t-elle à la construction de ce Royaume des Cieux que chaque jour nous demandons dans la prière ? Ne s'est-elle pas détournée de sa vocation au point de se rendre parjure ? Comment justifie-t-elle cette soif de puissance qui la conduit à préparer avec minutie l'holocauste nucléaire ? Quels propos évangéliques dans ses discours politiques, économiques et sociaux ? Ne s'est-elle pas entièrement vouée au Prince de ce monde dont l'autre nom est Argent ?

*****

En sept jours, nous dit le premier livre de la Genèse, Dieu créa l'univers. Il fit le ciel et la terre, la lumière, le jour et la nuit ; les vivants qui grouillent dans la mer et toute la gent ailée ; les bestiaux, les bestioles et bêtes sauvages qui peuplent la terre ; l'homme et la femme ; et il vit que tout cela était bon. Il fit la création pour le salut de l'homme qu'il institua maître des autres vivants : *« ... dominez sur les poissons de la mer, les oiseaux du ciel et tous les animaux qui rampent sur la terre ! » (Gen. 1,28).* Mais cette domination ne devait pas être profit, massacre, boucherie. Elle devait être à l'image de la royauté divine, service, compréhension, admiration. Dieu avait trouvé la création bonne et l'homme aurait dû apprendre à la connaître, à la respecter, à la garder. La royauté pour Dieu, c'est le service : *« Pour vous, il n'en va pas ainsi ; au contraire, que le plus grand parmi vous se comporte comme le plus jeune et celui qui gouverne comme celui qui sert. » (Luc 22,26).*

Dominer la création dans l'esprit de la Bible c'était la servir. Et le paysan qui labourait avec un cheval savait combien il avait dû le soigner et le servir avant que l'animal soit capable de l'aider. Dieu aurait voulu sans doute que l'homme aime cette création que lui-même avait trouvée bonne. Comme un artiste est heureux quand son œuvre est reconnue et appréciée, Dieu doit aimer quand il est reconnu dans son œuvre. Le psalmiste et d'autres poètes de la Bible l'ont bien compris qui le louent régulièrement pour toutes ses œuvres !

Dieu amena tous les vivants *« à l'homme pour voir comment celui-ci les appellerait : chacun devait porter le nom que l'homme lui aurait donné. » (Gen.2, 19)*. Donner un nom à quelqu'un c'est en reconnaître l'essence, l'être profond. Et l'homme, n'en doutons pas, découvrit Dieu dans chacune des créatures et il les admira. *« Admirez, c'est une prière qui montera très haut. » (Jean Prieur dans les Témoins de l'Invisible)*.

Voilà pourquoi, dans ses exercices spirituels, Saint Ignace conseille de *« regarder comment Dieu habite dans les créatures, dans les éléments par le don de l'être, dans les plantes par la croissance, dans les animaux par la sensation, dans les hommes par le don de l'intelligence. »*

Voilà pourquoi c'est faire œuvre de piété que de demander, avec Lanza del Vasto ; que Dieu nous donne *« le respect émerveillé et miséricordieux de tout ce qui vit. »*

Voilà pourquoi l'écologie et le végétarisme peuvent devenir pour qui en est conscient des chemins de spiritualité. Ils ne sont pas des buts mais des chemins !

Et Jésus ne s'y trompe pas qui choisit un coq, une poule, une brebis, le lys des champs, les oiseaux du ciel, la colombe ou le serpent pour nous parler du Royaume suivant par-là l'exemple de l'Ancien Testament qui raconte comment Balaam dut son salut à son ânesse.

Oui, la Nature peut devenir pour nous un maître spirituel qui comme les Livres Sacrés, peut nous mener à Dieu pourvu que nous sachions admirer et chercher l'artisan derrière l'œuvre.

Voilà pourquoi enfin, avec Jean Prieur, je crois que : *« En projetant partout des âmes, l'homme primitif agrandissait la sienne et ce païen était bien plus agréable aux yeux de Dieu que bien des chrétiens sans amour pour la création. L'homme moderne n'a pas accru son âme de la part qu'il retirait à l'univers. Qu'il soit de la ville ou de la campagne, il ne voit dans la nature qu'un terrain de décharge. Notre civilisation a tout désacralisé : la nature, l'homme, la connaissance et jusqu'à la religion ; elle est décidément une des plus vulgaires, une des plus médiocres qui aient paru sur la terre. Nous sommes dans ce que l'Inde appelle un âge noir. » (Les témoins de l'Invisible).*

Et Dieu dit : *« Je vous donne toutes les herbes portant semences, qui sont sur toute la surface de la terre, et à tous les arbres qui ont des fruits portant semences : ce sera votre nourriture. A toutes les bêtes sauvages, à tous les oiseaux du ciel, à tout ce qui rampe sur la terre et qui est animé de vie, je donne pour nourriture toute la verdure des plantes et il en fut ainsi. » (Gen)*

Car c'était le plan de Dieu que toute la création vive en harmonie et que les « vivants » croissent en paix dans le respect mutuel. Mais l'homme se détourna du plan divin et il entraîna dans sa chute toute la création, comme le frère aîné qui entraîne toute la progéniture dans la désobéissance.

Le meurtre d'Abel en appela d'autres et l'homme se mit à massacrer les animaux et ceux-ci le firent entre eux. Le règne de l'homme cessa d'être pacifique et Dieu, lui-même finit par l'accepter : *« Soyez la crainte et l'effroi de tous les animaux de la terre et de tous les oiseaux du ciel, comme de tout ce dont la terre fourmille et de tous les poissons de la mer : ils sont livrés entre vos mains. » (Gen 9,2).*

Mais si Dieu, devant la dureté du cœur de l'homme, fut obligé de céder, comme plus tard il dut renoncer à la société égalitaire et tribale des patriarches et accepter la royauté, il n'en abandonna pas pour autant son rêve de justice et de paix pour tous les vivants. Il annonça par la bouche du prophète que, *« lors de l'avènement du roi juste, le loup habitera avec l'agneau et la panthère se couchera près du chevreau tandis que veau et lionceau paîtront ensemble sous la conduite d'un petit garçon, que la vache et l'ours se lieront d'amitié, que leurs petits gîteront ensemble, que le lion mangera de la paille comme le bœuf et que le nourrisson s'amusera sur le trou du cobra ou sur le repaire de la vipère, et qu'enfin, on ne fera plus de mal ni de ravages car la terre sera remplie par la connaissance de Dieu. » (Is 11,6-9).*

Et quand Jésus vint sur la terre, s'il mangea du poisson, il le multiplia aussi et il fit aussi comme lui : il donna sa chair en nourriture. (Le poisson est plus encore que l'âne un symbole de Jésus). Oui, comme la plante ou l'animal perdent leur vie pour que nous vivions, Dieu a donné la sienne et se donne en nourriture pour que nous ayons la vie éternelle. Et si, dans les monastères, on mange en silence, c'est sans doute pour que, attentifs à ce que nous faisons, nous nous nourrissions dans le respect de la vie offerte. Etre végétarien, se battre pour le respect de toute vie humaine, animale ou végétale, militer pour la justice et la paix sont autant de moyens de hâter l'avènement de ce Royaume d'harmonie et de grâce voulu par Dieu. C'est entrer dans le rêve de Dieu et faire œuvre spirituelle car comme l'enseigne l'histoire du déluge, si la nature doit sa déchéance à l'homme, c'est aussi par un homme qu'elle aura son salut.

L'écologie et le végétarisme peuvent être des chemins vers Dieu. Ils le seront si Dieu reste le but, c'est-à-dire qu'ils le seront s'ils ne deviennent pas eux même le moyen et le but. Si l'on change de cible, on rate la première ! On ne peut pas construire le Royaume de Dieu sans Dieu. C'est ce qui dit aussi la Bible : *« Si Dieu ne bâtit la maison, vain le travail des maçons »*. Nos sociétés veulent construire un monde sans Dieu et il ne faut pas être devin pour voir où cela nous conduit.

La création a été longtemps le parent pauvre des préoccupations des Eglises. C'est regrettable ! Une meilleure interprétation des écrits de saint Paul aurait pu leur éviter cet écueil. Selon lui, en effet, la création tout entière garde elle aussi l'espoir d'être affranchie de la corruption. (Ro 8, 19 et svt)

Dans son orgueil, l'homme d'Eglise l'a trop longtemps nié. Mais ce faisant, il niait aussi le désir de Dieu d'un monde plus respectueux de toute forme de vie. Oui, ô notre Dieu, sans qui rien n'existe, donne-nous le respect émerveillé et miséricordieux de tout ce qui vit et conduis-nous ainsi à mieux te connaître, t'aimer et te servir.

II. Les animaux ont-ils une âme ?

Je me souviens qu'un jour déjà lointain, une petite fille m'a demandé si sa colombe qui venait de mourir était allée au ciel et que, sans hésiter, je lui ai répondu que je n'en doutais pas. C'est qu'à l'époque déjà, je ne pouvais pas imaginer que le Dieu de la Vie puisse vouloir la mort de ce qu'il a créé. J'en étais si convaincu que j'associais la plante à l'animal et que, dans ma première plaquette (1), je racontais l'histoire d'une campanule qui « au pied de la Vierge Marie fait plus joli un coin de paradis. » Mais c'était une histoire et personne ne la prit au sérieux.

Sauf moi, peut-être, qui de plus en plus souvent en contact avec des animaux, avec leurs souffrances et leur mort, n'ai pas cessé de m'interroger. J'en veux pour preuve cet extrait de lettre que j'envoyais à une amie en juillet 1984. Elle suivait de peu mon « Plaidoyer écologique », publié dans le Trait d'Union n°8, d'août-septembre 1986, (2), qui n'abordait pas la question. C'était là ma façon de combler une lacune.

« Dans le fond de la cage, une boule jaune, légèrement allongée en forme d'œuf ; immobile, tragiquement immobile : Piet, notre petit canari, est mort cette nuit et sans doute que maintenant, au ciel, il a commencé son chant d'éternité.

« Car comment concevoir que le Dieu très bon, qui témoigne tant de sollicitude aux hôtes ailés de l'azur, puisse les laisser à jamais sans vie ? Comment ne serait-ce qu'un instant, imaginer qu'Il puisse, sans cesser d'être Dieu, se soustraire à leur chant. Pourquoi vouloir que le Père des petits et des poètes soit insensible à la fragilité souffrante de l'un de ses chefs-d'œuvre ?

« La mort d'un animal ne me laisse pas indifférent. Déjà, l'autre jour, c'était un moineau qui couchait le long du chemin, l'aile droite légèrement entrouverte. Un mince filet de sang coulait à la naissance du bec : une auto pressée, cruelle et stupide, l'avait interrompu dans sa course avant de l'abandonner lâchement aux affres de l'agonie.

« Le lendemain, au même endroit, c'était un hérisson qui gisait là, les yeux encore ouverts, tout étonné de n'être plus en vie. »

François d'Assise, Antoine de Padoue parlaient de Dieu aux animaux. Pourquoi sinon pour les préparer à leur vie future, pour leur faire comprendre ce que, peut-être, ils voient mieux que nous ? Je parlais de Dieu à Coquette (3), je lui disais qu'Il est le Bon Pasteur et quand, prévenu en rêve, j'ai su qu'elle allait mourir, j'ai cherché à l'apaiser – ce qui n'était guère nécessaire – en lui parlant de Jésus qui deviendrait pour elle un bien meilleur maître que moi.

Mais n'était-ce pas là divagation de poète ? L'Eglise catholique – pour ne citer qu'elle – ne semble pas si convaincue de la survie des animaux et les lettres de sympathie que des amis chrétiens m'ont adressées lors de la mort de ma chienne m'ont montré que la plupart d'entre eux sont mal à l'aise quand on leur pose la question.

Pour moi, la chose est importante parce qu'elle peut modifier l'attitude adoptée envers les animaux. En effet, si ceux-ci ne sont que des objets, il peut paraître moins nécessaire de les protéger, mais si, comme je le prétends, ils sont créatures de Dieu et qu'ils retournent à Lui, on comprend mieux la parenté qu'ils partagent avec nous et le respect qu'on leur doit.

Lanza del Vasto répétait souvent que *« les mots en savent plus que nous »* et ses livres sont truffés de considérations étymologiques. Si on le suit sur cette voie, on se rappellera que l'animal (anima, en latin, signifie âme) est celui qui a une âme, qui a la vie. Qu'on ne me rétorque pas qu'il s'agit ici uniquement de la vie terrestre car le latin avait le mot « vita » pour la désigner. Les anciens le savaient : les animaux comme nous ont une âme. Les mots nous le redisent

L'homme a été créé à l'image de Dieu : en cela, il diffère de l'ange et de l'animal et, dans une certaine mesure, il leur est supérieur. J'ai abordé la question dans mon *Saint Michel dans la tradition et la légende (note 7)*. J'y écris ceci : *« Quant à Jean Prieur, il est plus nuancé dans les « Témoins de l'Invisible » car s'il reconnaît la supériorité du monde des esprits qui est « par-delà le bien et le mal », alors que le monde animal est en deçà et celui de l'homme de plain-pied avec le bien et le mal, il décrit l'homme comme un être triple – esprit, âme, corps –qui fait l'étonnement des anges et des bêtes qui sont esprit et âme pour les anges, et âme et corps pour les bêtes. »*

Trop longtemps, les chrétiens se sont comportés comme des dictateurs absolus et non comme des rois selon l'Evangile, c'est-à-dire comme des serviteurs.

L'expérience, que j'acquiers au contact des animaux, m'apprend que chacun d'entre eux est un être unique. On lit, dans l'Evangile, ces quelques mots de Jésus : *« Je connais mes brebis et mes brebis me connaissent »*. Combien ils me parlaient quand, à Sainte-Marie Chevigny, je m'occupais des chèvres de la communauté : elles étaient toutes différentes et se comportaient avec moi et entre elles selon leur caractère. Plus tard, j'ai remarqué que des araignées de la même espèce peuvent être aussi bien différentes, plus ou moins agressives, plus ou moins violentes.

Et ce n'est pas Loucky, le jeune chien qui, auprès de moi, a pris une difficile relève ni mes deux tortues de Floride qui me feront changer d'avis.

Notes :

1. La Montagne des fleurs (1979). Aujourd'hui « Petite Campanule » est repris dans le coffret « Petites histoires, Grand trésor », publié aux Editions Coccinelle en 2006 et dans « Un bonheur à partager », publié par l'auteur en 2018.

2. Trait d'Union était le bulletin de liaison des Amis de l'Arche de Belgique. J'en fus le rédacteur quelques temps.

3. Coquette, mon inséparable petite chienne. Elle intervient dans plusieurs de mes histoires et je lui ai dédié plusieurs poèmes. Morte à dix ans, le 18 octobre 1987, je l'ai enterrée sous le hêtre rouge dans le jardin du presbytère de Saint-Antoine.

III. L'été est revenu

Burnontige, 6 juillet 1984

C'est juillet ! L'été est revenu avec ses heures lumineuses, ses fleurs et ses moustiques. L'été est revenu après tant de semaines maussades de « froidure et de pluie ». Hier encore, au matin, le ciel était bas et gris et, dimanche, dans plusieurs jardins, une gelée tardive a gâté haricots et pommes de terre

L'été est revenu, mais si le ciel est bleu et si les hirondelles volent haut, le fond de l'air reste frais comme aux plus beaux jours du printemps.

L'été est revenu. J'arrête de scier le bois et je m'assieds pour me rendre réceptif aux mille vies qui m'entourent.

Coquette est étalée au soleil. Bientôt quand il l'aura assez chauffée, elle se lèvera lourde, la langue pendante, et elle viendra s'affaler à l'ombre. Puis, quand elle aura oublié pourquoi elle est là, elle retournera se faire rôtir. Et ainsi de suite jusqu'au soir.

Derrière moi, des dizaines d'oiseaux se chamaillent dans les haies. Quelques fois, un vol rapide, une ombre au-dessus de moi. Marie n'est pas là pour les identifier. Qu'importe ? Leur chant, leur présence me suffisent.

Trois abeilles butinent les fleurs blanches des trèfles puis, l'ouvrage achevé, elles vont bourdonnant glaner plus loin leur blonde récolte, tandis qu'un papillon traverse, écervelé, le jardin et que des pucerons rouges zigzaguent sans but sur la dalle d'un égout. Tout un petit monde, étranger à ma présence, poursuit aveugle son destin.

Que le champ de la création est vaste ! Aussi vaste que notre ignorance à le connaître. Et pourtant Dieu habite chacune de ces créatures. On le cherche partout, on doute, on recommence. Il est là dans la mouche qui m'importune et je le chasse en oubliant de le regarder. Dieu conduisit Adam devant les animaux pour qu'il leur donne un nom et Adam qui savait regarder, qui savait contempler donna à chacun le nom juste. Et Adam fut émerveillé et son émerveillement fut prière. « *Admirez c'est une prière qui monte haut.* » (Jean Prieur). Et voilà pourquoi Dieu aime les enfants, yeux tout ouverts sur le monde, parce qu'ils s'étonnent et admirent.

Une chèvre, sans doute mordue par un taon, s'ausculte la cuisse avant de s'encourir affolée et d'entraîner derrière elle le troupeau. Plus loin les jeunes de l'année, las de brouter et de découvrir, bêlent d'ennui. Mais seules leur répondent une grosse brebis et une oie nonchalante.

Oui c'est l'été et la torpeur qui s'empare de tous me remet en mémoire le poème de Charles Reynaud qui a pour titre : *« la ferme à midi »*.

Il est midi ; la ferme a l'air d'être endormie.

Le hangar aux bouviers prête son ombre amie.

Là, profitant de l'heure accordée au repos,

Bergers et laboureurs sont couchés sur le dos,

Et, près de retourner à leurs rudes ouvrages

Dans un calme sommeil réparent leurs courages.

Auprès d'eux sont épars les fourches, les râteaux,

La charrette allongée et les lourds tombereaux.

Par une porte ouverte, on voit l'étable pleine

Des bœufs et des chevaux revenus de la plaine.

Ils prennent leur repos ; on les entend de loin

Tirer du râtelier la luzerne et le foin ;

Leur queue aux crins flottants, sur leurs flancs qu'ils caressent

Fouettent à coups redoublés les mouches qui les blessent.

A quelques pas plus loin, un poulain familier

Frotte son poil bourru le long d'un vieux pailler,

Et des chèvres, debout contre une claire-voie,

Montrent leurs fronts cornus et leurs barbes de soie.

Les poules, hérissant leur dos bariolé,

Grattent le sol, cherchant quelques graines de blé.

Tout est en paix ; le chien même dort sous un arbre,

Sur la terre allongé comme un griffon de marbre.

Au seuil de la maison, assise sur un banc,

Le pied sur l'escabeau, la ménagère file,

Surveillant du regard cette scène tranquille.

Seul perché sur un toit, un poulet étourdi

Croit encore au matin et chante en plein midi.

Se tenir ainsi loin de l'agitation et de la frivolité des villes. Réapprendre à regarder, à goûter, à toucher. Entendre se réveiller en soi les mille senteurs de l'âme. Reprendre sa place, discrète et servante, dans la création : vocation pour l'homme de notre temps. Quand le saurais-je assez pour m'arrêter enfin et quêter, sans souci, la seule présence de mon Dieu ?

Chapitre IV: Méditations

Marcinelle, 1972

La cascade

Depuis quelques temps, je suis devant elle. Elle me fascine par sa splendeur, sa fraîcheur et sa constance. Je la regarde, je la contemple, je l'écoute. Son bruit, son chant, me transperce jusqu'au cœur. Je l'aime. Tout entier envoûté par son charme, je n'entends plus la foule qui défile derrière moi.

L'eau de la cascade, car c'est d'elle qu'il s'agit, se fracasse sur une grosse pierre plate. Insouciante des touristes qui l'admirent, elle poursuit sa course inchangée depuis des dizaines d'années. Et je rêve ! Quelle est courte notre vie en face de ce décor grandiose et éternel !

Eternel ? Non point ! Car l'eau sur la pierre ne reste pas inactive : elle taille et polit. Mes yeux ne le voient pas, mes yeux ne le verront pas. Pourtant, je sais que ce paysage a changé, il changera encore. L'eau ne se presse pas. Elle a le temps. Elle travaille avec lenteur, mais avec soin. Ils seront beaux les ronds galets, mais beaucoup d'eau aura coulé avant qu'ils ne soient achevés.

L'action de l'eau sur la pierre est l'image de l'œuvre de Dieu dans ma vie, dans le monde. Je ne perçois pas toujours la main de Dieu qui travaille, je ne remarque que très rarement le changement. Pourtant Dieu ne chôme pas. Sans se presser, mais aussi sans se lasser, il établit sa paix, suscite des élans généreux, éveille des combattants pour la justice, anime une fête joyeuse, appelle à plus d'amour et de fraternité.

Je ne vois pas toujours l'œuvre de Dieu, pourtant je sais qu'elle est réelle, efficace et belle. Mon rôle n'est-il pas de faciliter l'action de Dieu dans ma vie et dans le monde ?

Noucelles, 1974

Cheminement

Le silence, majestueux et serein, tenait, dans ses bras moelleux, la petite ville toute engourdie encore au sortir de la nuit. Maître du cœur des choses, il était leur âme douce, leur essence pacifiante, leur respiration intime. Il achevait en elle son œuvre de renouveau avant de les abandonner au tumulte de la journée. Etouffés par le lointain, de rares bruits familiers, témoins de la vie – l'aboiement du chien ou le volet qui claque- ne le troublaient pas : ils l'habitaient.

Tout entier ensorcelé par lui, je m'abandonnais à ce silence étrange qui régissait la nuit. Lentement, il me pénétrait de froid insolent, balayait l'ennui, extirpait la monotone indifférence pour m'habiter enfin tout entier. Il s'établissait en chacun de mes membres lui rendant une signification première jusqu'alors inconnue. Il me réapprenait la magie du geste, l'ardeur de l'impression. Le petit enfant à l'aube de l'existence connaît la valeur des sens parce qu'il les découvre. Il apprend à regarder, sentir ou goûter, à écouter ou toucher, mais l'habitude vient qui émousse l'acuité des sens et paralyse la découverte. Le silence me le disait alors qu'il enseignait mes yeux à regarder, mon nez à respirer, ma langue à goûter, alors qu'il indiquait à mes oreilles la façon d'écouter, à mes doigts celle de toucher. Mes yeux ne heurtaient plus l'opacité du noir, ils s'accrochaient aux objets immédiats, les dévisageant pour en rencontrer l'histoire.

C'étaient les vieux réverbères plantés là depuis toujours par d'humbles ouvriers sans visage qui se rappelaient brusquement à mon souvenir. Insignifiants chômeurs embauchés pour quelques heures, ils avaient dressé là ces quelques poteaux banals qui me parlaient maintenant de leurs vies. Il me semblait les revoir travailler sans hâte, retourner dans leurs chaumières pour partager le pain noir et s'endormir enfin sur le travail accompli. Le geste de l'homme reste éternel et indélébile pour les yeux qui voient.

C'était aussi chaque pierre, chaque objet, chaque étoile qui m'interpellait et mes yeux étaient comblés de ce pouvoir nouveau.

Dilatés, mes poumons frémissaient de bonheur au rude contact de l'hiver sentant bon le vent froid. En eux, je découvrais l'âpre lutte sauvage de la nature avare de ses droits et victorieuse encore de l'homme au sein même de la ville.

La neige gelée grinçait lugubre et blanche sous mes pas prudents, tandis que je gravissais la pente dure qui conduit à la vieille église que je fréquentais alors. Temple saint, témoin de tant de souffrances et de peines, elle est le havre de paix des âmes simples qui s'y succèdent depuis des siècles. J'approchais lentement m'attardant encore à regarder ou respirer comme si je craignais en poussant la porte de rentrer dans la monotone mélopée des prières récitées à la hâte. J'avais faim… non pas de pain, mais faim et soif de vérité et d'amour.

Quand j'entrai enfin, je sus qu'il m'attendait sur sa grande croix de bois, lui, qui avait cheminé avec moi.

Burnontige, février 1980

Il est des jours ainsi où la vie, telle une fraîche jeune fille, se fait plus coquette : quand, par exemple, après un long hiver, le temps, plus clément, s'endimanche de soleil câlin et de lumière nouvelle. Alors l'homme, au plus profond de lui, entend la chanson éternelle du bonheur toujours à naître et, libre, il laisse son esprit et son cœur s'élever vers les horizons sans nuages de la poésie. Et c'est en ces instants, suspendu entre ciel et terre, qu'il vit vraiment. Tout est calme et paix comme le silence de la montagne. Tout est rire et gaieté comme le chant et la danse du jeune ruisseau dans les prés.

Faire résonner longtemps en soi la découverte de ces rares moments, n'est-ce pas là la magie du bonheur.

Burnontige, 2 février 1980

Le temps c'est de l'argent

L'argent est le nerf de la guerre

Il faut savoir perdre son temps.

Burnontige, 6 juin 1980

Sous le pommier

Je vous écris à l'ombre d'un pommier, bercé par le gazouillis des oiseaux et le babil des enfants. L'heure est à la paix. Tout est calme … ou, pour mieux dire tout serait calme si l'armée, soucieuse de notre tranquillité, ne survolait pas incessamment nos villages. Il fait bon : il faut bien occuper les soldats.

Il m'est difficile de prévenir de ma visite tant je vis au jour le jour. De moins en moins, je veux me soucier du passé ou de l'avenir. Le présent doit nous suffire.

L'enfant qui joue ou pleure ou chante, est tout entier occupé par son jeu, son chagrin ou sa chanson. Sans doute, il passe sans cesse d'un état à l'autre avec une soudaineté déconcertante, mais on ne peut nier qu'il soit présent au présent. Etre semblable à un jeune enfant, n'est-ce pas cela : être disponible à l'événement ?

Mon chien a poursuivi sa promenade jusqu'à moi. Il a mendié quelques caresses avant d'aller s'étaler au soleil. Quelle vie de chien ! Dormir, manger, se promener ! Rien d'utile, rien de rentable ! Il vit seulement pour vivre. Vivre sa vie : une vocation moins facile qu'il y paraît.

Jean-Baptiste, bientôt cinq ans, a fait une chute à vélo. Une longue plaie superficielle à la jambe gauche. Sa mère l'a soigné. Il vient m'interrompre pour me faire admirer le résultat. Il s'ensuit une brève discussion, puis il disparaît jouer avec les autres enfants sur la charrette de l'âne.

Une poule claironne la naissance de son dernier œuf. Chaque jour, la poule et la chanson recommencent. Pouvoir chaque jour s'émerveiller de la vie ! Un rêve ? Une ascèse ? Ou tout simplement un peu de douceur.

Bonnecombe, 15 août 1980

J'étais un enfant

J'étais encore un enfant. Je devais avoir quinze ans. Peut-être davantage. Mais l'école s'applique à prolonger l'enfance. Cela recule les difficultés.

Donc j'avais quinze ans et j'étais un enfant. J'allais aux cuisines du collège mandaté par un professeur pour une course dont j'ai oublié l'objet. Tout ce dont je me souviens c'est que j'allais aux cuisines pour rencontrer l'un des deux cuisiniers. Les cuisines étaient désertes, mais on entendait rire dans une salle voisine. Ce n'était pas le rire clair et franc des enfants, mais plutôt le rire gras, gluant et forcé qu'ont les hommes quand ils s'essayent aux farces de mauvais goût. J'étais encore un enfant. Je ne connaissais pas les farces de mauvais goût. Je me dirigeai du côté des rires et je surpris les deux cuisiniers, armés d'un manche à balai, qui torturaient une pauvre souris emprisonnée dans une poubelle. A mon approche, ils cessèrent leur cruauté. Le premier quitta la pièce, gêné et confus. Le second, d'un coup sec, tua la malheureuse petite bête.

J'étais encore un enfant. Je gardai pour moi mon chagrin et je posai ma question. L'homme bougonna sa réponse et je m'en fus en courant. Je pleurais… Pour la première fois, je venais de rencontrer la méchanceté. J'étais un enfant blessé. Je ne dis rien de ce que j'avais vu, mais à dater de ce jour, je n'ai plus aimé mon école.

Bonnecombe

Me voici, en éveil dans mon rêve, devinant sous l'herbe fraîche, les sillons retournés. Pourtant il y a loin encore jusqu'à la moisson ! Et ma vie saigne ainsi labourée de tant de déchirures. Mais soit ! Puisque de l'ancien herbage peut germer la graine du renouveau !

Bonnecombe, 1980

Quatorze heures trente. Shantidas (Lanza del Vasto) termine une brève causerie. Il nous a parlé de l'attention, clef de voûte de la vie spirituelle. Attention à ce qu'on fait, sans doute, mais attention surtout à soi faisant le travail, à soi ne faisant rien. C'est la méditation. Un moine tibétain a dit qu'on ne sait pas méditer si on ne sait pas fermer les portes.

Poursuivre jusqu'à l'achever le travail commencé. Concentrer tous les faisceaux de son attention sur un point : soi. Pas le petit soi-soi ou le personnage, mais sur le centre. Comme la loupe concentre les rayons du soleil en un point sur le papier et l'enflamme, concentrer son attention.

Bonnecombe, février 1981

Mon chien, là-bas sur la colline, poursuit les corbeaux. Il court sans un cri derrière ces grands oiseaux qui le narguent du haut du ciel. Il est des images, des souvenirs, des instants qu'on ne voudrait pas ne pas avoir connus.

Ma promenade de ce matin, sous le soleil encore frisquet de février sera belle à cause de cela.

Bonnecombe

Le temps est variable : tantôt si chaud et clair, tantôt pluvieux et gris. On croirait assister à un grand combat céleste devant lequel, spectateurs, nous restons impuissants.

Bonnecombe, mars 1981

Seul, dans la nature, assis sur le flanc de la colline. L'abbaye de Bonnecombe se dresse imposante en contrebas. La grosse cloche marque deux heures. Plus de bruit. Seul le glissement du vent dans les herbes et le chant d'un oiseau. Mon chien, plus loin, chasse le mulot.

Le soleil est chaud : le printemps va surgir. J'ai vu les premiers pissenlits en fleur et les mouches nombreuses. Un papillon roux a fait le détour jusqu'à moi puis, après m'avoir témoigné quelque intérêt amusé, il a repris sa course vagabonde.

Assister au renouveau de la nature avant la résurrection de Pâques.

Bonnecombe

Le temps est à la pluie coupée parfois par de brèves éclaircies. Il est à mon image qui désire la beauté et nourris la laideur. « Je ne fais pas le bien que je voudrais faire et je fais le mal que je ne voudrais pas faire », écrit saint Paul que je cite de mémoire. Le carême est un temps choisi pour se reprendre, pour regagner la voie étroite qui conduit au salut. Mais je dilapide encore le répit accordé. Ah ! Qu'il est large le fossé qui sépare le rêve du réel, l'aspiration de la réalisation ! Et combien il faut regarder haut pour monter un peu !

Las, me voici !

Las ! Me voici bien vite au mitan du voyage

Et je m'en vais déjà, délaissant mon jeune âge,

Aborder d'autre rive au funèbre présage.

Insensé, qu'ai-je fait jusqu'ici de mes jours ?

N'ai-je donc pourchassé que des rêves d'amour ?

Au temps de la moisson qu'aurai-je en héritage ?

Serai-je de blé mûr ou de chaume sauvage ?

Resterai-je ignorant combien de temps encor ?

Il faut me décider pour la vie ou la mort !

Arrive enfin, ô toi, ne me laisse à mon sort

Et donne à ma ténèbre un peu de ta lumière

Pour qu'au déclin du jour, mon désir soit prière.

Chemin d'éternité

La vie est un sentier sur lequel on s'engage

En quête incessante de nouveaux paysages,

Et l'on marche à jamais plus riche d'émotions

Vers un repos perdu, promesse d'illusions.

Puis, quand à l'étape, s'appesantit la mort

On s'aperçoit bientôt qu'il faut marcher encor

Alors, enfin conscient, on découvre sans doute

Qu'il n'est d'éternité que cette seule route.

Saint-Antoine, décembre 1988

C'était début novembre, aux alentours de 17h00. Je laissais derrière moi La Baraque de Fraiture et je m'apprêtais à descendre sur La Roche. Le soleil, déjà fatigué de sa journée, se couchait empourpré devant moi et le ciel presque noir au zénith se colorait différemment de bleus jusqu'à l'horizon. Je contemplais là-bas le rouge teinté d'orange tranchant sur le bleu de la nuit, quand survint le vol triangulaire de ce que je pris pour des oies sauvages. L'apparition, les couleurs ne furent que de quelques instants à l'image du bonheur si fugitif en nos vies. A cette vue unique et pourtant, depuis des siècles, répétée, je fus heureux et, déjà, la réalité était autre que prolongeant le souvenir, je fis revivre la scène en esprit. C'est ce que je vous souhaite : connaître ainsi de nombreux moments de bonheur que vous pourrez ressusciter en images quand les heures se feront plus sombres.

Spa, 2 septembre 1992

Lorsque l'enfant s'endort, bercé

Par le bras de sa mère

Et lorsqu'en plein midi, le blé

Fait se dorer la terre,

Au carrefour de mes sentiers

Tu me rejoins, ô Père.

Lorsque le chien perdu, heureux,

Retrouve enfin son maître

Et qu'au pré refleuri, gracieux,

Le chevreau vient à naître,

Père de la terre et des cieux

Tu te laisses connaître.

Lorsqu'en un dernier vol, l'oiseau,

Quand la lune se lève,

Aux branches de l'ormeau,

Va dérouler son rêve

L'ébauche de son cri, sans mot,

O Père, tu l'achèves.

Et quand, dans le jardin, le fruit

Sur le vieux sycomore

Te rend, gorgé d'amour, l'Esprit,

Tendant ses bras encore,

Debout, les yeux fixés sur lui,

O Père, je t'adore.

Saint-Antoine, 1977

Quand l'heure sera là de mon dernier voyage,

Amis, ne pleurez pas ! Je partirai content

Avec le cœur rempli, comme unique bagage,

De l'espoir un peu fou de revoir mes absents.

Si, comme je le crois, ce Dieu, que l'on dit père,

Nous retire du temps pour nous donner la paix,

Alors, oui, je m'en vais lui crier que j'espère

Que la mort me rendra la chienne que j'aimais.

Harre, le 14 octobre 2005

Le moment est venu de s'arrêter enfin

Et d'accueillir la nuit comme on cueille l'aurore.

La marche se fait lente et le pas incertain :

Faut-il recommencer ? Lutter ? Se battre encore ?

J'aspire maintenant au repos de la mort !

J'aurai prié en vain, la force est en mon âme,

Mais me faut-il toujours vouloir et être fort ?

Non ! Il ne le faut pas ! Ma volonté se pâme.

Je veux ne vouloir plus et cherche dans la nuit

Un instant de sommeil, une étoile perdue

Et libre, je me tiens devant l'instant qui fuit

Et je me couche, las, loin des terres connues.

J'irai chercher en moi réponse à ma question.

L'enfer n'existe pas, il n'est que la souffrance !

Le paradis non plus, il n'est que l'illusion !

J'irai chercher en moi dans la nuit du silence

Réponse à ma question, loin des mots, loin du bruit,

J'appellerai la mort comme on attend l'amie :

Loin du bruit, loin des mots, tout au long de ma nuit

Où j'attendrai serein de naître à l'autre vie.

Harre, 2013

Quelle belle heure ! Pourtant aucun oiseau ne chante, mais le soleil est là qui fait étinceler la neige et le ciel bleu distille un parfum de beauté et de pureté. Quand j'ai ouvert la fenêtre pour la prière, une chevrette a bondi de côté et maintenant les sens en alerte, elle regarde craintive dans ma direction. Je ne bouge pas touché par sa grâce sauvage et petit à petit elle s'apaise, se tourne vers le grand sapin et s'attaque à son écorce, bientôt rejointe par le mâle et deux autres demoiselles. Tout est silence, lumière, élégance et ma prière se change en contemplation.

Nuit blanche, nuit bénie

C'est la nuit. Pour la trois ou quatrième fois, je me retourne dans mon lit. Le sommeil semble m'avoir quitté : je vais passer quelques heures blanches. C'est devenu rare. Les médicaments que je prends m'assomment et le plus souvent je dors toute ma nuit et je continuerais bien le jour par habitude. Mais après une dizaine de jours, mes drogues m'accordent un répit et je peux passer quelques heures à veiller.

Je vais passer quelques heures blanches. Déjà mon esprit vagabonde entre le rêve et la réalité. J'aime ces moments de calme où je peux conduire mon rêve. Quand tu dors, c'est le rêve qui conduit et il t'emmène parfois où tu ne veux pas aller. Il paraît que le rêve est bon, qu'il est comme une thérapie, une libération du subconscient. Il paraît que lorsque tu rêves, tu répares tes blessures, tu exorcises tes démons, tes craintes, tes angoisses. Mais quand tu dors, c'est le rêve qui te conduit.

J'aime les heures blanches parce que lorsque je veille, c'est moi qui conduis le rêve, qui provoque tel ou tel souvenir, telle ou telle méditation. On dit que, dans ses nuits blanches, l'abbé Choque allumait la lampe et lisait. On dit qu'il a gardé l'esprit ouvert grâce à tous ses livres qui ont accompagné ses heures d'insomnie.

Il m'arrive aussi d'allumer la lampe et de lire un peu. Mais maintenant, les yeux me font mal et je crains la lumière artificielle. Non, je n'allumerai pas ma lampe. Je préfère écouter la nuit. On dit et je dis que tout va mal dans notre monde : il y a la guerre, l'appauvrissement des pays du sud, le chômage, les fermetures d'usines, la banqueroute des banques, le ras-le-bol, l'ennui, la maladie, … Mais dans ce monde qui va mal, il y a aussi cet instant de nuit dans ce petit coin d'Ardenne. La nuit qui dit tant dans le silence. *« O nuit ! Qu'il est profond ton silence ! »*

Je me lève et j'ouvre grand la fenêtre. Il fait froid ! L'obscurité n'empêche pas la lumière : la lune donne assez de clarté pour que je puisse deviner la silhouette des arbres qui jettent dans le ciel leurs branches nues auxquelles s'accrochent quelques étoiles. Le silence est profond mais pas total. Le silence n'est jamais total. Je n'entends rien pas même le ronflement lointain d'un camion sur l'autoroute. Non ! Tout semble dormir. Je n'entends rien si ce n'est le chant du silence.

Mais le froid est par trop fort, je ferme la fenêtre et je retourne me coucher. Demain, il me faudra… Non ! Je ne veux pas penser à demain. Demain appartient à demain. Demain aura ses problèmes, ses contradictions, ses contrariétés. Maintenant c'est le silence, le calme, l'instant de repos. Si tout à l'heure je meure, à quoi aura servi que je me tracasse pour demain, à quoi aura servi que je ne profite pas de ce moment où tout est bien, sans tracas, sans inquiétude. Tout est silence ! C'est bon ! Je sens que mes paupières s'alourdissent : bientôt je vais dormir. C'est ça aussi le monde : ce petit coin d'Ardenne si tranquille où je m'endors dans un instant de nuit.

Belle jeunesse

« Pour cette course, nous allons prendre le bus. Nous y serons plus vite et tu ne payeras rien : j'ai ma carte de mal voyant et tu m'accompagnes. Pour les accompagnateurs les transports sont aussi gratuits. » Sur ces mots de mon ami, nous nous arrêtons un peu. Pourvu que le bus n'ait pas de retard : il fait froid et il pleut ! Liège est dans ses mauvais jours. Il est gris, morne, triste, grincheux, Faut-il que j'y tienne à cette course pour ne pas tout plaquer là et revenir plus tard quand la ville et les éléments seront mieux disposés.

Mais bah ! Le bus est là et déjà mon ami s'y précipite sa canne blanche tendue en avant. Je le suis et grimpe à mon tour. Le bus est rempli. Je m'apprête, ainsi que mon ami, à voyager debout. Mes lunettes sont embuées et je ne remarque pas qu'il reste une place vide. Mais déjà un gamin d'une douzaine d'années se lève et aborde mon ami pour lui demander, avec l'accent caractéristique des gens du Nord de l'Afrique, s'il veut prendre sa place. Quand mon compagnon la prend, j'aperçois la place vide et je m'assieds aussi. Le gamin lui s'en va un peu plus loin rejoindre des copains et bientôt on les entend rire et bavarder.

En face de moi, un jeune homme la casquette sur le nez semble dormir. Dort-il vraiment ou est-ce une ruse pour ne pas être dérangé ? Quand tu voyages ainsi en commun, si tu ne veux pas déranger ou ne pas l'être, l'astuce la plus courante est de feindre de dormir. Il vaut mieux feindre que de le faire réellement surtout si tu ronfles en dormant. Mon vis-à-vis ne ronfle pas. A côté de lui une jeune femme et à côté de moi une dame plus âgée. Laquelle des deux entame la conversation, je ne peux plus le dire, mais les voici qui lient connaissance. Elles parlent calmement mais de façon suffisamment audible pour que je comprenne ce qu'elles disent. Elles se découvrent un point commun : leur aversion pour la conduite en ville et c'est ce qui leur vaut d'être maintenant occupées à deviser assises l'une en face de l'autre dans ce bus surchauffé. Pour le reste tout les sépare : l'une est ouvrière et l'autre étudiante à l'université. C'est elle qui parle surtout et qui se confie : elle a 23 ans et n'habite à Liège qu'en semaine. Est-elle jolie ? Non, certainement pas. Elle n'est pas laide non plus. Je la dirais plutôt insignifiante. Elle n'attire pas les regards, elle ne les repousse pas plus. Aucune coquetterie en elle, elle semble toute occupée par ses études.

Mais nous voilà rendus. Mon compagnon se lève sans se soucier de moi. Je le suis à quelques pas. Le gamin qui lui a cédé sa place, le regarde en souriant. Il ne le voit pas. Alors le gamin sans quitter son sourire se tourne vers moi. Il a de grands yeux bruns, riants, moqueurs. Il ne doit pas être à une bêtise ou à une espièglerie près, mais maintenant il est là tout souriant qui me dit : « Bonne journée, monsieur ! »

Et nous revoici dans le froid et dans la pluie. Le bus est déjà loin ! Il y a à son bord - pour combien de temps encore ? - une jeune étudiante qui partage son quotidien avec une inconnue et un gamin qui blague avec ses copains, un gamin qui a cédé sa place et partagé son sourire. Tant qu'il y aura parmi eux, des jeunes capables de se pencher sur ce qui est plus faible, plus perdu, plus petit, l'humanité pourra sourire à son avenir.

Et de tels jeunes, il y en a. La presse commémore ces jours-ci la tuerie qui endeuilla Liège l'année dernière. On plaint les victimes, on pleure avec ceux qui restent, on interroge les autorités. Mais ce jour-là, parmi ceux qui couraient se mettre à l'abri, il y avait aussi cette adolescente de treize ans qui témoignait sur son lit d'hôpital et qui disait : « Maman me disait de courir, mais quelqu'un est tombé à côté de moi, alors je me suis arrêtée pour l'aider à se relever. C'est à ce moment que j'ai été touchée à la jambe ! » Dans la panique, dans l'horreur, il y a eu une adolescente qui s'est arrêtée pour relever quelqu'un, une adolescente qui a été blessée et qui raconte cela simplement sans se douter qu'on en a médaillé pour moins que cela. Oui, tant qu'il y aura des jeunes qui seront ainsi, l'humanité pourra sourire à son avenir.

Wavreumont, le 19 mai 2008

Abandon

Là devant moi, le ciel est gris taché de bleu

Et le sapin se drape encore de lumière,

Un oiseau file en un coup d'aile silencieux,

L'herbe à mes pieds se dresse immobile et légère.

Mais sur la droite, il vient ce lent nuage noir

Et deux autours sous lui, en larges cercles, chassent.

Tout est attente ! Eh quoi ? Va-t-il bientôt pleuvoir ?

Le ciel est gris, bleu, noir comme l'herbe qui passe…

Le gris des pleurs, de l'habitude, de l'ennui ;

Le bleu du souvenir, du jeu, de l'insouciance ;

Le noir du deuil, de l'abandon et de l'oubli ;

Le tout mêlé de peur, de rage et d'espérance.

Ma vie en cet instant se mêle au firmament

Avec sa lassitude et son doute et sa peine.

Tu m'as un soir abandonné à mes tourments

Et depuis lors ma foi s'étiole et se gangrène.

Es-tu si sourd que tu n'entends jamais mon cri ?

Si aveuglé pour mépriser ainsi mon charme ?

Est-ce en perte qu'au long du jour et de la nuit,

Je t'espère et t'attends les yeux baignés de larmes ?

Harre, le 7 avril 2010

Quand la nuit renaît, tout s'éclaire,
Mes yeux ne cherchent plus en vain.
Ils se tournent vers la lumière
Blafarde et fragile en mon sein.

Les appétits enfin s'apaisent
Le remords fuit, la crainte aussi.
Seul, en moi, je peux tout à l'aise
Eteindre le jour qui s'enfuit.

Tout est bien quand tout est silence,
Quand loin des mots et au-delà,
Au cœur même de la souffrance,
La vérité se montre à moi.

Il n'est pour soi ennemi pire
Que soi-même et moi, dans ma nuit,
En paix, je m'applique à me lire,
J'apprends l'amour de l'ennemi.

Et seul, sans esprit de conquête,
Recommençant encor, encor…
J'apprends comment dompter la bête,
Comment apprivoiser la mort.

La nuit est refuge et silence
Et je m'y plonge, ivre et serein,
Avec moi seul comme présence
Dans l'inquiétude du matin.

Saint-Antoine, mars 2020

Le retour du silence...

Sur la pointe des pieds, l'aurore sans bruit
Avance timide et succède à la nuit.
Le confinement, que le virus impose,
Permet qu'en cette heure encore, tout repose.

La fleur de l'étang, l'oiseau même se tait.
Le monde est là qui attend quoi ? Je ne sais !
Mais ce matin le jour se lève en silence
Et je vis l'instant avec reconnaissance.

La nature aujourd'hui a repris ses droits
Et secoué, enfin, le joug de son roi !
L'homme a refusé de se conduire en père.
Il s'est fait cruel, tyrannique, sévère.

Il a voulu régner en maître absolu,
Saigner, vénal, le monde par lui déchu.
Mais aujourd'hui, un temps, la nature complice
D'un virus, s'éveille en paix avec délices.

Inquiétude

Quelle inquiétude me taraude ?
Qui me désole et m'affaiblit,
Je la sens diffuse qui rôde
Et ne me laisse aucun répit.

Elle surgit quand je m'éveille
Elle veille quand je m'endors.
Et l'heure s'écoule pareille
Au temps rongé par le remords.

Ma conscience n'en déplaise
Ne me reproche aucun délit,
Et si le jour parfois me pèse,
Fidèle, je ne l'ai pas fui.

Comme Job qu'un ami accuse
Et qui se proclame innocent
Sans me départir, je récuse,
Je proteste et je me défends.

Alors pourquoi cette inquiétude ?
Viens à mon aide, Dieu puissant,
En quête de béatitude,
Je me tourne vers toi, tremblant.

J'ai dormi ! Le reste de la nuit sera blanc !

J'ai dormi ! Le reste de la nuit sera blanc !
Paupière mi-close, au lit, j'écoute la pluie
Frapper à ma fenêtre, compagne du vent.
Le printemps tarde à naître et mes heures s'enfuient !

Je suis bien et ne demande rien, si ce n'est
Que cela dure encore et que la nuit se traîne
Pour que le jour, avec ses futiles regrets,
Hésite prudent et tarde encore à venir raviver ma peine.

Un pas de plus

Quand, au printemps, le terrible virus
A bousculé nos habitudes, nos us,
J'ai, dans la fleur, cherché ta présence
Que je perdis un jour de pas de chance,
Et j'ai senti, sous l'ardeur de Phoebus,
L'odeur suave de l'eucalyptus.
Et maintenant que s'installe l'automne,
Avec ses ors et ses nuits monotones,
Quand le merle au buisson se pose ému,
Je viens vers toi pour faire un pas de plus.

Le temps d'un instant

Mars 2021

Pandémie et espérance

Il y a un an déjà que la covid-19 nous a rejoints et contraints à un confinement plus ou moins complet. C'était une première ! Cette pandémie a en effet obligé l'Europe à devenir solidaire des autres continents. Jusqu'ici, comme son allié américain, elle avait surtout cherché à faire appliquer ses lois dans le reste du monde. La pandémie l'a forcée à rentrer dans le rang et à s'aligner sur les autres peuples. Finies l'arrogance et l'indifférence : après quelques mois où nous blaguions sur le sujet, nous avons tous été touchés ! Les malheurs des uns dont, selon nos habitudes nous n'avions cure, nous ont atteints et nous n'en revenons toujours pas !

Un an et cela devient long : les jeunes désespèrent et se révoltent, le personnel soignant trime et les personnes âgées gémissent, …

Tout cela est préoccupant mais nous savons aussi que Dieu parle dans les événements. Frère Roger de Taizé parlait de « Vivre l'aujourd'hui de Dieu ». Et c'est aujourd'hui c'est la pandémie ! Je ne crois pas que Dieu l'ait voulue ! Elle ne vient pas de lui mais des hommes ! Ils ont joué avec le feu et ils se sont brûlés !

Devant ce fait, nous pouvons gémir, nous révolter, désespérer ou … nous rapprocher de Dieu et faire en sorte que son règne vienne. Notre égoïsme et notre indifférence nous avaient repliés sur notre petit confort, ils nous avaient rendus sourds aux appels de nos frères. Nous pouvons faire de ces moments difficiles, une occasion de réinventer un monde, une société qui seraient plus justes, plus solidaires, moins polluants ; une occasion de faire un pas de plus vers le Royaume ces Cieux !

Nous pouvons aussi consacrer ces longs moments de solitude à la méditation et à la prière.

Nous entendons souvent dire : « Que tout cela finisse et que tout redevienne comme avant ! » De pareils propos montrent que nous n'avons rien compris ! Espérer « que tout cela finisse et que vienne un monde plus respectueux des petits et de la nature » me paraît plus juste et plus chrétien.

La prière est pour le chrétien, non seulement une arme efficace mais elle est aussi un levier de conversion et une force qui peut conduire au courage et à l'héroïsme.

Saint-Antoine, 10 octobre 2021

Le soleil est revenu illuminant les feuilles jaunes des érables du parc. L'automne s'est avancé : il fait beau et clair mais pas chaud. Dans la cafétéria une musique apaisante accompagne les chuchotements des quelques rares clients. Le moment est propice à la contemplation des couleurs et des sons. Profiter de ce temps de calme, de cette heure de pureté, de silence habité. Bientôt l'animation de cet après repas va se réveiller et tout bouleverser. Etre là simplement à attendre calme, serein, en repos, … avec comme seule crainte que cette minute de féconde solitude ne meure déjà. Rare moment de plénitude, trop court temps de grâce, minute accordée pour un entretien de soi avec soi. Apprendre à être, me réconcilier avec l'ennemi que je suis.

Je baisse les paupières, les yeux me font mal souffrant de trop de lumière. Les fermer pour les tourner vers le dedans et m'évader à l'intérieur en quête de l'être en moi. Accueillir dans le temps où je passe, l'éternité en moi. Me dépasser par l'intérieur par cette voie étroite comme une radicelle de l'arbre de la vie. Devenir cette terre profonde, inconnue et pourtant si intime, si réelle qui abrite, fragile et timide, mon âme.

C'est fini ! Les pèlerins se pressent au magasin et au bar. La lumière et la musique sont les mêmes, …, mais tout n'est plus qu'éclats de voix et bruits de chaises. Les gens masqués, comme pour un bal, défilent les yeux accaparés par autant de tentations qu'il n'y a d'objets et de gâteaux. Animation d'enfants, de parents, de vieux venus pour un temps de prière ou de distraction. Défilé haut en couleurs qui cache si bien tant d'espoirs, de rêves, mais aussi tant de peines et de désillusions. Petit peuple accaparé par son désir du moment. Petit peuple sourd à la musique, fermé à la lumière. Petit peuple avide de vie comme un troupeau sans berger, comme un champ de blé sans moissonneur.

J'attends et j'observe ! Une femme timide s'avance vers moi. C'est maintenant le temps du partage !

Saint-Antoine, lundi, 22 novembre 2021

Dehors le froid le dispute à la lumière. C'est aujourd'hui une belle journée de fin d'automne. Quelques rares feuilles, accrochées à leurs branches, témoignent de l'éclat récent des érables et du hêtre. Ils ne sont plus maintenant, avec les bouleaux complètement nus, que corps décharnés, figés pour l'hiver.

Je leur ressemble, au soir de ma vie, qui brille encore de quelques feux, mais qui, je le sais, a fait, aujourd'hui, son temps.

Je suis vieux – n'en déplaise à ceux qui se veulent encore jeunes et qui le prétendent avec force cris. Je suis vieux parce que, je dois en convenir, je ne m'adapte plus au monde qui m'entoure. Je suis vieux et je n'approuve pas l'évolution que je juge imbécile de notre société. Etre jeune c'est s'adapter ! Je ne m'adapte plus : je suis vieux !

Etre vieux n'est pas une tare ! C'est le fait de celui qui a vécu suffisamment pour le devenir. Pourquoi faut-il vieillir ? Pour vivre longtemps

L'âge apporte souvent expérience et parfois sagesse. Expérience et sagesse qui aident à passer la vieillesse, mais qui ne servent à rien d'autre, parce qu'elles arrivent quand, vieux, on doit reconnaître qu'on n'est plus adapté à ce monde nouveau qui s'est développé à côté de nous. Sans nous ! Monde nouveau qui n'en a rien à cirer de notre expérience parce qu'elle est d'un autre temps.

Etre vieux, c'est accepter d'être devenu inutile ; être heureux de ne plus servir à rien. Ainsi on peut partir sans regret – ni pour soi ni pour ceux qui croient nous aimer.

J'aspire à une vieillesse pacifiée, libérée des exigences des papiers, des devoirs citoyens, des civilités mondaines, des factures, des dettes, des exigences de l'amitié,

…

Pourquoi ne puis-je pas être simplement vieux, inutile avec, comme seule raison, d'être là et de vivre comme par accident, par oubli d'être déjà parti ?

Pourquoi ne puis-je pas seulement vivre comme ma chatte : sans but, sans devoir, sans obligation, sans tracas. Vivre … sans autre raison que celle-là : vivre ! Respirer, aller, m'asseoir ! Vivre !

J'ai fait mon temps ! Il est chargé de peu de fruits qui, comme les feuilles des arbres, se sont enfuis. J'ai fait mon temps, il ne reste que ce que je suis : presque rien, un dernier et souffle et, je l'espère, un peu de lumière.

Etre vieux, ce n'est pas un drame. C'est être autrement soi : fragile, affaibli, inutile. C'est être autrement soi et s'aimer ainsi.

Automne 2021

Le jour est clair,

tout rempli de lumière,

tout rempli de couleurs,

et mon âme se console

de tant de trahisons

et d'autant d'abandons.

L'automne est là

dans toute sa splendeur

et tandis que l'écureuil,

en quête de pitance,

bondit d'un saut

pardessus le ruisseau,

mon âme frétille

au rythme de la feuille

qui s'en va choir

lentement

sur la terre noire

d'Ardenne,

berceau des origines

de mes pères

jusqu'à la nuit des temps.

Je ne dirai pas ici par quel chemin j'y suis venu, mais, grâce à Simon qui me la prête, j'ai commencé de lire, de Dante, la Divine Comédie. Et au chapitre 1, déjà je m'arrête sur ces trois vers de Virgile :

tu y entendras les cris de désespoir,

tu verras les anciens esprits douloureux,

chacun attestant la seconde mort ;

De la seconde mort, François d'Assise parle aussi dans son Cantique des Créatures. J'y reviens souvent dans mes homélies. A ma connaissance, François était jusqu'ici le seul à faire mention de cette seconde mort que j'interprète comme étant celle de l'âme. Voici qu'il est rejoint par le poète qui l'assimile à l'Enfer.

Alors l'Enfer, séjour des âmes perdues ou leur mort pure et simple ? La Bible dit : *« Choisis la voie qui conduit à la mort ou celle qui conduit à la vie ! »*

Amis pèlerins,

La sagesse populaire dit et redit qu'il n'est jamais trop tard pour bien faire, qu'il me soit donc permis de vous présenter avec retard mes meilleurs vœux pour l'année nouvelle. Comme les précédentes, elle a commencé avec la bénédiction de Marie, Mère de Dieu.

A cette occasion, j'écrivais ces quelques lignes, que je soumets aujourd'hui à votre méditation, puissent-elles nous aider à cheminer dans la pratique de la foi !

Si nous avons assisté à la messe de minuit à Noël, nous avons entendu le début du passage de l'Evangile que nous venons de lire. (Luc : 2,16-21.) Enfin ! Une partie du début , parce que l'Eglise, pour une raison que je ne m'explique pas et qui me gène, a sauté un paragraphe.

En effet, à Noël, le texte se terminait par le chant des anges qui disait : « Gloire à Dieu au plus haut des cieux, et paix sur la terre aux hommes qu'il aime. »

Et aujourd'hui, nous regardons les bergers venir en hâte voir l'enfant. Entre les deux, saint Luc écrit : *« Puis il advint quand les anges les eurent quittés pour le ciel, que les bergers se dirent entre eux : Allons jusqu'à Bethléem et voyons ce qui est arrivé et que le Seigneur nous a fait connaître. »*

Je ne cache pas que ces omissions répétées dans les lectures proclamées à la messe, me gênent et m'interpellent. Je ne comprends pas pourquoi on joue ainsi avec l'Evangile comme si on voulait nous cacher quelque chose ou nous influencer.

Bien sûr, ce n'est qu'une impression mais cela me gêne néanmoins.

Bah ! Direz-vous pourquoi s'inquiéter d'un paragraphe de transition qui n'ajoute rien au message ? Mais c'est justement cela qui me gêne ! Penser ainsi, c'est penser qu'il y a dans l'Evangile des passages qu'on peut supprimer.

Mais alors lesquels garder et lesquels oublier ? Ceux qui nous intéressent ou ceux qui nous ennuient ?

Ce paragraphe est-il d'aucune importance ? Ne nous apprend-il vraiment rien ?

Il nous dit d'abord que les anges se sont retirés dans le ciel et que ce n'est qu'à ce moment là, que les bergers rompent le silence et parlent entre eux.

Le chant des anges, ce n'est pas rien, ce n'est pas un tube à la mode qu'on écoute béatement en assourdissant le quartier. Le chant des anges, c'est une expérience spirituelle qui ne fait pas de bruit et qu'on entend avec les oreilles de l'âme. Je le décris ainsi dans un livre , réflexion sur le temps : « Je me suis souvent demandé en écoutant les chorales à Noël, comment seuls quelques bergers avaient entendu le chant des anges. C'est parce que, contrairement à ce que j'imaginais, le chant des anges n'est pas celui des cymbales ni des trompettes, mais celui des parfums et des couleurs. Le chant des anges s'écoute dans le silence. Silence des sens, de l'esprit, du cœur et de l'âme. Quand les anges chantent le temps est-il suspendu ? L'éternité entre-t-elle de temps en temps dans le temps ?

Et un peu plus avant : « La tombe était perdue dans la montagne, entourée de fleurs sauvages. Surpris par la beauté du lieu, nous nous taisions, quand je me suis senti entouré d'une musique, de parfums et de couleurs que je ne connaissais pas. La musique semblait venir des parfums et des fleurs aux couleurs pastel. Tout se mélangeait. La musique était elle-même parfumée. C'était un mélange sans contours de musique, de couleurs et de senteurs. C'était comme si une âme, sortie de terre, s'élevait lentement en chantant. Le temps était-il suspendu ? Ma compagne a murmuré quelques mots, le charme était rompu (…) C'était ce que beaucoup plus tard, j'ai appelé le chant des anges. »

Le chant des anges s'écoute dans le silence, il se tait au moindre bruit ! Les bergers ne l'interrompent pas, mais ils l'écoutent, sans doute pour un moment d'éternité.

Puis seulement, quand les anges sont partis, quand l'extase est finie, ils se disent l'un à l'autre… Cela ne vous évoque rien ?

Ils font exactement la même chose que ce que feront les disciples d'Emmaüs quand, à la fin du même Evangile, Jésus disparaîtra à leurs yeux !

Alors comme les disciples d'Emmaüs, comme Marie, après la visite de l'Ange Gabriel, ils vont en hâte… Car quand Dieu parle, on ne traîne pas, on ne badine pas, mais on va droit au but, rempli d'espérance et de joie !

Ils arrivent et trouvent les choses comme l'ange leur a dit et ils racontent à ceux qui sont là ! Mais qui est là, sinon Marie et Joseph ? Nous avons ajouté un bœuf et un âne, mais l'Evangile ne les cite pas ! Les bergers annoncent une bonne nouvelle, comme le feront plus tard les apôtres, mais ils n'ont devant eux pour les écouter qu'un couple, heureux, qui vient d'avoir un enfant.

Et Marie, nous dit l'Evangile, « retenait tous ces événements et les méditait dans son cœur, » pendant que les bergers s'en retournaient en louant Dieu ! A eux tous, ils nous rappellent ce que devrait être l'attitude d'un chrétien : retenir la parole de Dieu, la méditer et rendre grâce !

Mais depuis 1967, à l'instigation du Pape Paul VI, le 1er janvier, l'Eglise célèbre aussi la journée mondiale de la paix. « Elle a fait de ce jour un moment intense de prière pour la paix, et d'éducation à la paix et aux valeurs qui lui sont indissolublement liées, parmi lesquelles, il convient de citer notamment la liberté, la solidarité et l'esprit fraternel, la dignité de la personne humaine, le respect de la nature, le droit au travail, et le caractère sacré de la vie, ce qui incite les chrétiens à dénoncer les situations marquées par l'injustice, qui ont pour effet de troubler les consciences et de menacer la paix. » (Directoire pour la liturgie et la piété populaire, n°117).

Cette année, les plus attentifs, ceux qui, comme le commande si souvent Jésus, ceux qui à l'école des bergers qui savaient écouter et des mages qui savaient regarder, ont appris à veiller, ont été horrifiés par la nouvelle du massacre d'une quarantaine de Birmans. Toutes les chaînes de télévision, plus occupées à nous soûler avec la vente des sapins et dindes de Noël, n'en ont pas parlé. RTL et la RTBF ne nous disent pas tout ! Elles préfèrent garder un silence complice du mal et du mensonge !

L'indifférence est la covid de l'amour !

Un peu partout aujourd'hui des innocents sont massacrés, 250 000 personnes meurent chaque jour de la faim !

Nous ne sommes que de petites fourmis sans grands moyens ! Mais nous sommes aussi chrétiens et nous avons une arme : celle de la prière.

Une quarantaine de personnes ont été massacrées en Birmanie, les croyants tant chrétiens que musulmans y sont persécutés. Mais c'est aussi dans ce pays que sœur Ann a arrêté une armée en tombant à genoux devant elle et en priant. Oui le chrétien a une arme et elle est efficace. Si nos médias cherchaient plus à informer honnêtement plutôt qu'à nous manipuler, nous saurions que nous avons des raisons d'espérer.

Puissions-nous entendre nous aussi le chant des anges et nous mettre, en hâte, en chemin !

Samedi 5 mars 2022.

C'est le printemps ! Il est tôt cette année et je profite de ses premiers balbutiements pour m'attarder dans le parc. Ces premiers jours ensoleillés du printemps, quand tout n'est encore que naissance et promesse, sont ceux que je préfère dans l'année.

Le soleil quoiqu'encore peu chaud est éclatant et le bleu du ciel, sans nuage, a la pureté et l'intensité de celui des belles heures de l'hiver. L'herbe est encore celle fanée de l'automne et son vert mêlé de jaune, comme une chevelure grisonnante, laisse voir ci et là des taches de terre sèche. Dans quelques jours, l'herbe nouvelle couvrira cela d'un vert tendre, vivant, frais ; mais le charme de l'heure présente déjà ne sera plus.

La prairie, couverte de branches mortes tombées aux moments les plus durs de la froide saison accueille les premiers perce-neiges et les pâquerettes nouvelles. J'en cueillerais bien l'une ou l'autre pour ma perruche, mais je préfère les laisser prendre un peu de hauteur.

Je photographie les premiers bourgeons prêts à s'ouvrir non loin de la haie de hêtres aux feuilles marcescentes autres témoins des saisons d'autrefois. Je guette sous elle la fuite d'un lézard, mais c'est trop tôt sans doute. Il ne fait pas encore assez chaud ! Hier, pourtant, j'ai vu au cours de la promenade dans le bois, promesse de vie et d'enfance, quelques grappes d'œufs de grenouille.

Mais Jean-Daniel me rejoint. Le temps de la contemplation s'achève pour celui de l'amitié.

Mardi 22 mars 2022, 10h25

Il fait bon et beau, le ciel est bleu, le chien des voisins aboie, les oiseaux sifflent. Je termine une courte promenade dans le parc, accompagné par Pilou, la chatte qui, l'année dernière, s'est réfugiée ici blessée et affamée. Les bourgeons sur le point de s'ouvrir l'autre matin s'épanouissent en jeunes feuilles au vert tendre des premiers jours et la prairie a enfilé sa nouvelle robe de printemps. Je m'enivre de vert et cueille quelques pissenlits pour ma perruche, puis je m'assieds sous l'auvent pour un premier bain de soleil et de lumière. Dans le bois un tracteur s'anime lointain. Son ronronnement ne trouble pas la paix de l'heure.

Paresseux, je profite de l'instant, oublieux des soucis et des devoirs. Je suis vieux et j'ai droit à de longs moments de solitude et de tranquillité. Les insectes sont actifs : un papillon jaune batifole et une mouche se promène sur mon mollet, bientôt chassée par Pilou en quête d'un câlin.

Mais un camion de chez M. vient livrer du mazout. J'initie le chauffeur et je retourne m'asseoir. Finies ces quelques minutes de paix ! Le bruit du moteur et les discussions entre le chauffeur et Max couvrent la chanson des oiseaux et le ronronnement du tracteur. Il me reste, contrarié, à me délecter du bleu du ciel, du jaune des jonquilles et du mauve des crocus ; de profiter du soleil qui réchauffe mes membres et apaise mon arthrite.

11h40

Enfin le silence est revenu. J'ai besoin de calme et de lumière comme aujourd'hui le monde en guerre a besoin de paix et de sécurité.

Quelques bourdonnements d'insectes, des cris divers d'oiseaux, le ronronnement plus lointain encore du tracteur, me voici enfin seul avec mes pensées. Etre soi avec soi : un luxe qui ne coûte rien et qui fait tant de bien ! Mais déjà le tracteur se rapproche. Les hommes ne peuvent-ils décidément ne rien faire sans bruit ?

Le chat émet un faible miaulement et se jette sur une mouche qui lui échappe, alors il se tortille avec plaisir sur le pavé chaud. Lui au moins profite de l'instant.

Une bergeronnette traverse, à bonne distance, la pelouse en hochant, comme le dit son autre nom, la queue en cadence. Je suis des yeux sa marche légèrement saccadée et si typique que je n'ai jamais d'hésitation à la reconnaître. Quand nous étions enfants, nous avions un livre, « L'oiseau d'Afrique », qui racontait l'amitié entre une fillette et un tel oiseau. C'est de cette époque que me vient cet amour particulier pour la bergeronnette, une autre façon de dire hochequeue ou lavandière.

Midi sonne. C'est l'heure de l'Angelus et des premiers pèlerins.

Dimanche 3 avril 2022

Joyeuses Pâques,

Le ronronnement du poêle et sa respiration régulière – aspiration d'une poignée de pellets suivie de leur chute dans le foyer – bercent imperturbables la douceur du moment. Sur l'appui de la fenêtre, la chatte se toilette et de l'autre côté, la perruche se lisse les plumes. A chacun de mes gestes, elle m'appelle, sans doute vexée que le chat, déjà revenu de sa promenade, l'ait forcé à regagner la sécurité de sa cage. Liberté et sécurité font rarement bon ménage !

Dehors il fait beau. Le soleil illumine le forsythia mais aussi la neige des derniers jours. L'hiver, par un dernier caprice, s'est en effet réinstallé couvrant d'un fin manteau les premiers élans du printemps. Dans le verger, les pruniers partagent le blanc de leurs fleurs avec celui de la neige et les jonquilles, au jardin, courbent l'échine sous son linceul qui les garantit du gel.

Contraste de ce mariage entre les saisons !

Je n'ai pas d'obligations ce matin et je profite de ce moment de paix, bercé par le ronronnement du poêle, à côté du chat qui dort et de la perruche qui sommeille.

Temps béni dans l'attente du printemps ! Dans l'attente de Pâques aussi avec la nature qui se renouvelle, renaît, ressuscite !

Contraste entre l'hiver et le printemps qu'embrasse aujourd'hui un seul et même regard. Ainsi que nos vies, ainsi que notre âme !

Printemps et espérance ; hiver et nouvelle crainte. La covid se retire et la guerre s'invite. Mélange de soulagement et d'inquiétude nouvelle.

Rien n'est pur ! Tout est mélange ! La neige et le soleil, la triste nouvelle et l'espérance. Et je suis là, calme, dans l'attente du printemps et de Pâques.

Mais l'autre dimanche, Jésus est monté sur la montagne avec Pierre, Jacques et Jean pour prier. Au sommet, il s'est montré tel qu'il est vraiment : un être lumineux ou, pour mieux dire, la lumière de l'Etre.

Pour le voir dans sa splendeur, les disciples ont dû gravir la montagne. Pâques ne s'attend pas, il se mérite ! L'attente de Pâques est une montée.

Déjà nous arrivons au sommet ! Promesse du printemps ! Promesse de Résurrection !

Paix ! Force ! Joie dans le Seigneur.

Saint-Antoine, le 7 avril 2022

Du temps de Charlemagne et du haut moyen-âge, la société était divisée en trois catégories : celle des nobles qui dirigeaient et faisaient la guerre, celle des clercs qui priaient, celle des cultivateurs qui entretenaient les deux autres. L'histoire a gardé mémoire de quelques noms issus de la première Hugues Capet, Godefroid de Bouillon, Saint Louis, … et de quelques noms issus de la seconde sainte Hildegarde Von Bingen, Saint Grégoire, Saint Bernard, … Quel nom de cultivateur a-t-elle retenu ?

La troisième catégorie, celle des paysans, la laborieuse, la plus nombreuse fut, dans les faits, méprisée et, dans l'histoire, oubliée. Pourtant c'est elle qui a permis aux deux autres de vaquer à leurs activités et de prospérer. Il y aurait eu moins de guerres si les armées avaient dû elles-mêmes produire leur nourriture. La classe la plus nécessaire et la plus utile fut méprisée et oubliée.

Jésus, quelques siècles plutôt, considérait les cultivateurs qu'il prenait souvent en exemple ainsi que nous nous le rappelons en lisant, par exemple, la parabole du semeur. (Luc 8, 4-8). Jésus connaissait les difficultés rencontrées par les paysans. Dans cette histoire, le semeur a dû s'y reprendre à quatre fois pour obtenir enfin une bonne récolte. C'est que le résultat ne dépend pas que de lui mais aussi des circonstances et de la nature. La Révolution française a été préparée par plusieurs années de disette.

Aujourd'hui, les choses n'ont pas fondamentalement changé : l'agriculture reste à la base de notre alimentation et les cultivateurs sont rarement mis à l'honneur. Nous pouvons citer le nom des Diables rouges mais nous ne connaissons aucun des paysans d'Afrique ou d'Amérique du Sud dont nous mangeons les fruits et le chocolat et buvons le café ou le thé.

Le cultivateur surtout celui d'autrefois et celui des pays exotiques, est à la base, il est nécessaire et comme la plupart de ses pairs, il vit humblement. Heureux les humbles, dit Jésus, ils possèderont la terre. Cette terre que le cultivateur aime tant et qui lui coûte tant de quitter.

Beaucoup de cultivateurs sont attachés aux valeurs traditionnelles. Les lois de la nature et de la terre ne varient guère. Celui qui en vit apprend à vivre au rythme des saisons, du jour et de la nuit. Peu à peu il s'attache aux choses qui ont fait leurs preuves et sur lesquelles il sait qu'il peut compter. Parmi ces valeurs : la famille. Ce ne sont pas chez les cultivateurs qu'on avorte le plus. Ils savent la valeur de la vie.

Le petit cultivateur a l'humilité des gens qui savent que tout ne dépend pas d'eux. Cette humilité attachante qui les rend si dociles, si peu enclins à se révolter.

Il me souvient que dans les années quatre-vingt, j'ai acheté pour quelques centaines de francs de l'époque, plusieurs hectares de terre au Guatemala. Terres aussitôt offertes à l'évêque du lieu qui en achetait un maximum pour les rendre aux Indiens de son pays qui les possédaient depuis des millénaires, mais à qui elles n'appartenaient plus parce qu'ils n'avaient pas les papiers adéquats. Coca Cola les achetait par dizaines d'hectares pour y faire de l'élevage. Voilà comment la boisson préférée de tant d'entre nous, aux publicités aussi désaxées que nocives, était proche des petites gens !

Nous répétons souvent que nous sommes entrés dans une nouvelle société : celle de la publicité, de la surconsommation et de Coca Cola. C'est cette société qui a inventé les papiers, sans lesquels, nous ne sommes rien. C'est elle qui a inventé les sans-papiers qui croupissent dans les rues de Bruxelles, capitale de la Belgique, de l'Europe et du papier !

Cette société qui prive les pauvres de leur gagne-pain est intrinsèquement mauvaise. Elle ne mérite pas mon soutien !

Mardi, le 14 juin 2022

Un peu de bonheur

Il est temps déjà de se préparer à l'été. La météo l'annonce sec et chaud, ce qui ne fera sans doute pas l'affaire des jardiniers et des cultivateurs, mais qui, nous l'espérons, nous donnera l'occasion de retrouvailles et de rencontres riches et porteuses d'espérance.

Pour l'instant, je profite du beau temps, assis sur la terrasse, entouré de chants d'oiseaux et d'insectes divers. J'aime le bourdonnement des abeilles et des mouches qui passent en donnant cette qualité sonore aux journées chaudes de soleil.

L'heure est propice à la méditation : la covid, la guerre, la cherté de la vie sont autant de motifs d'inquiétude, mais je veux garder confiance et espérance. Nous avons certes connu des jours meilleurs, mais je suis en bonne santé, je n'ai ni faim ni froid. Tous ne peuvent pas en dire autant !

La plupart des Belges et des Luxembourgeois que nous sommes comptent parmi les privilégiés du monde. Nous ne connaissons ni la famine, ni la guerre, ni l'incertitude du lendemain et, si nous sommes malades, nous avons accès aux soins de santé parmi les plus performants de la planète. Oui, nous avons de la chance malgré tout et nous ne devrions pas nous plaindre même si, en fin de parcours, les choses ne sont plus ce qu'elles étaient.

Je veux donc garder confiance envers et contre tout et profiter de l'instant présent. Je veux « mettre un terme au temps, un centre aux ténèbres extérieures, et me rendre présent au présent. »

« Ce présent que nous avons en vain poursuivi dans nos journées car il était loin de nous au moment où il était. » (Prière commune de l'Arche).

Pour l'instant, il fait beau, je suis bien, le chat joue sur la pelouse, pourquoi me préoccuper de tout à l'heure, du moment où le présent ne sera plus ? Je suis bien, qu'espérer de plus ? Pourquoi gâcher le présent par des inquiétudes qui ne sont pas et qui ne seront peut-être pas ? Une araignée minuscule me court sur la main. Elle me chatouille. Tout est bien ! Le bonheur est harmonie. Il est à notre portée si nous savons le cueillir et l'accueillir dans sa simplicité et sa fragilité.

Nous n'atteignons pas le bonheur parce que nous ne le voulons pas tel qu'il est. Nous le cherchons dans le rêve, mais il n'est pas dans le rêve. Il est dans la réalité, dans le moment présent. Pas toujours, mais souvent. Nous rêvons de lumières, de fêtes, de succès, d'ors et de paillettes et lui, il est là, blotti dans l'instant qui passe. Je veux apprendre à me satisfaire de ces petits bonheurs simples pour être heureux.

Saint-Antoine, juin 2022

Quel est ce grand souffle qui traverse la nuit

Et qui glace la terre et l'étoile qui luit ?

Quel est-il qui, subtil, interroge en silence

Jusqu'aux tréfonds de l'âme et du cœur en souffrance ?

Je me tiens, seul et droit, face au destin, debout ;

Nul cri, nulle larme. Seul, au loin, du hibou,

Le battement de l'aile au clocher de l'église,

Accompagne discret cette présence exquise.

Aujourd'hui le Bon Dieu a déserté les cieux

Pour dresser sa tente quelque temps en ces lieux

Et je suis là en extase qui veille et prie

Sous la lune claire qui m'inonde et qui brille.

Mercredi, 14 septembre 2022

Bonne rentrée,

La rentrée des classes l'annonçait, l'automne est de retour et, avec lui, la pluie et le froid. Ci et là, on réenfile un pull et on rallume le feu. L'hiver, à cause de la hausse des prix, risque d'être dur.

Mais avant de s'inquiéter pour l'avenir qui sera sans doute différent de ce que nous craignons, regardons un instant en arrière. L'été a été chaud et sec et, encouragé par les médias, beaucoup s'en sont plaints. Personnellement, prétextant ma jeunesse déjà lointaine, j'ai profité, sans trop m'activer, du beau temps et j'ai pris un maximum de lumière et de chaleur. L'année dernière nous en avons été privés, cet été je voulais prendre ma revanche. Cela m'a permis de faire taire un temps mon arthrite et de me réjouir des beaux jours comme nous le faisions autrefois quand nous n'étions pas constamment tracassés et grondés par des prophètes de malheur, sans doute bien inspirés mais aussi inconséquents. Car qu'ont-ils fait d'autre que des prophéties contre la pollution et le réchauffement ? Ont-ils seulement supprimé un char ou un avion lors du défilé du 21 juillet ? Un hélicoptère lors du Tour de France ? Ont-ils cessé d'envoyer des fusées sur la lune et sur mars qu'ils polluent depuis dix ans déjà ?

Je ne veux pas entrer en polémique, mais je constate que si réchauffement dû à la pollution il y a, je ne puis rien contre. Tous les efforts, les sacrifices, les privations que nous nous imposons sont inutiles face à la folie de grandeurs de ceux qui possèdent la gloire, la puissance et l'argent.

Un ami me glisse cette prière des Alcooliques Anonymes, toute remplie de bon sens et de sagesse :

« Mon Dieu, donnez-moi la sérénité d'accepter ce que je ne peux changer, le courage de changer ce que je peux et la sérénité d'en connaître la différence.

J'ai donc traversé l'été avec sérénité, profitant du beau temps, des fruits nombreux et des rencontres enrichissantes que beaucoup d'entre vous m'ont permis de vivre.

Et je rends gloire à Dieu ! On connaît cette histoire de l'Evangile dans laquelle dix lépreux viennent chercher la guérison auprès de Jésus. Tous sont guéris, mais un seul revient en rendant gloire. On conclut un peu trop rapidement qu'un seul a eu la politesse de venir remercier pour sa guérison ! Cet Evangile n'est pas une leçon de morale à quatre sous qui voudrait enseigner qu'il faut savoir dire merci ! Car ce lépreux ne vient pas d'abord remercier mais rendre gloire à Dieu !

Rendre gloire pour l'Evangile c'est reconnaître ! Le lépreux reconnaît qu'il doit sa guérison à Dieu, c'est-à-dire que Dieu est intervenu pour lui, que Dieu est entré dans sa vie ! Pour lui, Dieu n'est plus qu'une idée vague, perdue dans un recoin de son esprit ou dans quelque nuage, Il Est celui qui vient d'entrer dans sa vie, celui qui vient de le guérir. Il Est l'éternelle guérison de ceux qui croient en Lui !

Il revient donc en rendant gloire à Dieu et tombe à genoux aux pieds de Jésus parce qu'il reconnaît que ce Dieu à qui il doit d'être guéri, c'est Jésus ! Et Jésus le renvoie en lui disant qu'il est sauvé ! Dix ont été guéris, mais un seul est sauvé ! Sauvé parce qu'il a su veiller et rendre gloire !

« Veillez » est certainement le commandement sur lequel Jésus insiste le plus ! Veiller pour déceler les nombreuses fois que Jésus entre dans nos vies, chaque fois qu'il agit pour nous. Souvent – trop souvent- nous avançons comme des aveugles et nous ne voyons pas Jésus à nos côtés. Sur les dix lépreux guéris, un seul veillait !

On connaît l'histoire de Saint Martin qui coupe son manteau pour en donner la moitié à un pauvre qui est nu. Ce jour-là, c'est le jour du Baptême de Martin qui, avec une dizaine d'autres, s'est converti. Ils vont tous joyeux à l'église pour ce grand moment dans leur vie de chrétiens. Mais voilà que, sur le bord du chemin, un pauvre nu tend la main. Seul Martin le voit, seul Martin fait un geste d'humanité : il coupe son manteau et en revêt le malheureux ! La nuit, Jésus lui apparaît couvert de son manteau. Comme autrefois parmi les dix lépreux, un seul ce jour-là avait veillé : Martin !

Durant l'été, j'ai recueilli une dizaine de témoignages qui me disaient qu'on venait remercier parce qu'on avait obtenu la guérison tant espérée. A chaque fois, j'ai invité mon interlocuteur à rendre plutôt gloire à Dieu, c'est-à-dire à reconnaître que Dieu avait agi, qu'il est plus qu'un concept, mais un Dieu qui entre dans l'histoire, qui entre dans notre histoire !

Un jour, François, un de mes petits élèves de neuf ans m'avait dit ainsi qu'à ses camarades : « *L'amour de maman on ne le voit pas, mais on sait qu'elle nous aime !* » Prié de s'expliquer il avait répondu : « *Elle met du chocolat dans mon sac, elle me veille quand je suis malade.* » Dieu est Amour, on ne le voit donc pas. Mais on sait qu'il nous aime, si, veillant, nous savons déceler tous ses passages dans notre vie !

Le dixième lépreux, Saint Martin, … nous apprennent à veiller et à rendre gloire !

Pour moi, les rencontres de l'été ont été souvent l'occasion de rendre gloire à Dieu. Ce fut un bel été riche de soleil, de chaleur et de lumière !

Et encore …

« Quand Dieu donne sa paix, il nous donne aussi sa force et sa joie ! La force d'espérer et la joie de pardonner. »

« Pendant septante ans, on m'a dit que je devais passer par la porte étroite, mais on ne m'a jamais dit ni ce qu'elle était, ni où elle se trouvait ! Quand la Bible nous pose question, c'est dans la Bible qu'il faut chercher la réponse. Dans l'Evangile, Jésus dit : « Moi Je Suis (Dieu) la porte ! La porte étroite c'est lui ! Si je veux être sauvé, je dois m'efforcer de passer par lui. »

Le feu

Lentement le ciel s'assombrit, le froid soleil du jour peu à peu le cède à la nuit. L'automne est là avec la brièveté des jours et les heures de veillée qui s'allongent. L'été s'en va avec le triomphe du jour et l'hiver vient avec celui de la nuit. Le jour et la rencontre autour du barbecue, la nuit autour de l'âtre devant un feu de bois. Le feu du jour, celui de la nuit : l'été, l'hiver se retrouvent dans le feu !

Feu de joie aux flammes belles, feu d'amour aux flammes claires !

Le feu, point de ralliement, pour partager le pain, la soupe, le vin ou le péket.

Le feu pour rompre la solitude, le froid du cœur et peut-être de l'âme.

Le feu de Jésus qu'il est venu allumer et qu'il lui tarde de voir allumé !

Le feu du glaive du Chérubin à la porte du Jardin !

Le feu qui brûle et prie au cœur du Temple, au carrefour de nos chemins !

Le feu de bois mort et d'épines qui brûle au cœur à l'écoute des Ecritures.

Le feu de la Passion et des passions ; le feu qui oriente et guide.

Le feu joyeux mais fragile, le feu de la Vie.

Mardi 25 septembre 2022.

Liana branche la musique. Un air sans prétention accompagne le chuchotement des quelques rares clients. Dehors il fait froid qui pousse le chat à renoncer à sa sortie. L'automne aujourd'hui est à la pluie, gris, sans horizon.

Assis à la table, j'écris : l'heure invite au repli, au retour en soi, à la méditation. Seule, la musique, timide, me tient hors de mon âme.

Un temps de Toussaint pour se souvenir. Un temps de solitude malgré le monde !

Un temps ! Le temps de prendre le temps ! Le temps du silence !

Dans peu de jours, j'enterrerai l'amie ! Une page – encore une – se tourne et le chapitre se clôt.

Bruits de chaises, éclats de voix : le calme est rompu, le charme brisé ! L'homme décidément ne peut rien faire sans bruit !

Le respect du silence est une vertu. Il y a plus à faire du silence qu'à faire du bruit ! L'homme moderne est sans paix parce qu'il ne connaît pas le silence ! Le silence est une perle que peu peuvent cueillir ! Trop y échouent trop occupés qu'ils sont à s'agiter et à pousser des cris.

Ma chatte est plus sage qui dort et rêve sans bruit.

Méditation

Noël n'a rien gagné aux illuminations et aux cadeaux. D'une fête intérieure, elle est devenue celle de la distraction et de la dissipation. Dieu n'y naît plus, il y est travesti en personnage folklorique, en pantin de sucre d'orge.

Pilou

La nuit est là, mon chat repose,

Blotti tout chaud, à mon côté.

Son corps soyeux est peu de chose

Que même un rien peut emporter.

Il est venu un soir de pluie

Implorer gîte et protection.

Face à son vert regard qui prie,

Je n'ai pas pu lui dire non.

Et j'ai troqué ma solitude

Qui me suivait de jour en jour.

Je vis depuis dans l'inquiétude,

Indissociable de l'amour.

Quand vient le jour, il vagabonde.

Il fait le sourd quand, à son nom

- Pilou – je l'appelle à la ronde.

Je traîne alors et me morfonds.

Puis - venu d'où ? – sans trop de hâte,

De son pas souple et nonchalant

Vient demander que je le gâte

D'un bref câlin ou de pain blanc.
Comme le rosier a sa rose,

J'ai trouvé de qui me soucier.

La nuit est là, mon chat repose,

Blotti tout chaud, à mon côté.

Christian Dehotte,

Jeudi 17 novembre 2022

Le jour

L'heure est à la lumière malgré les nuages gris, traversés de bleu, qui pèsent au ciel et lentement défilent. Les feuilles rousses du hêtre au jardin s'accrochent encore en nombre. Il fait froid et calme. Tout se fige. Les nimbus même, sans vent, s'arrêtent et chaque brindille se met en repos. Seules, se plume la perruche dans la cage, et danse, enfin réallumée, la flamme dans le poêle qui ronronne.

Imperceptiblement la grisaille fuit et l'azur triomphe, pâle, indécis, brumeux. Le chat rentre de promenade, il mange un peu, du bout de ses babines délicates, puis saute à côté de la cage, guetter, comme moi, par la fenêtre au travers de laquelle un coin du dehors s'invite à l'intérieur.

Rien ne bouge ! Le temps semble suspendu, l'activité bannie ! L'action cède la place à la méditation, à la contemplation et l'esprit s'envole vers d'autres horizons aux frontières du rêve ou de l'inconnu. Le chat s'endort et je reste là seul avec moi.

Il y a grand amour à veiller avec soi-même !

La nuit

C'est l'heure maintenant, en cette froide saison, pour le soleil de prendre déjà du repos. L'ombre s'avance, la nuit étend son manteau. La nuit belle et froide comme glace, brillance de diamant.

Je suis un noctambule, j'aime la nuit. Je la chéris, non comme on l'aime aujourd'hui en la blessant de lumières électriques, de fêtes et de bruits. Je la chéris à la pâleur de la lune, dans la profondeur du silence, en quête seulement du chant des anges.

Pèlerin authentique, je guette l'ombre amie qui protège du funeste inutile, du clinquant de l'orgueil, de l'ennui du paraître et du vide infini.

La nuit est jardin de l'âme qui, en elle, s'épanouit en prière. Elle est repos du corps, libération de l'esprit qui s'évade sans obstacle jusqu'à l'étoile qui luit.

C'est la froide saison de Noël, la saison de la nuit où, au détour d'un astre de passage, l'espérance a fleuri.

Méditation

Le coucou de bois, hors saison, chante l'heure suivi des deux horloges qui, en musique, font comme lui. Le temps imperturbable s'avance, vieillissant tout être et toute chose.

C'est la loi de la vie que tout ce qui arrive, naisse, grandisse, fane et meure. J'en suis arrivé à l'âge où l'on cueille le fruit avant de disparaître. Ce fruit que j'ai voulu bel et bon et que je crains maintenant de découvrir amer et gâté d'échecs et d'abandons. Jeunesse frivole, vieillesse au goût de cendre. Qu'ai-je fait de ma vie si je n'ai pas grandi à l'ombre de la croix ? N'ai-je pas trop désiré faire et oublié de vouloir être ? Il me fallait veiller ! Suis-je passé à côté ? A côté de mon âme, à côté de moi-même ?

La réponse est en moi, mais j'ignore comment aller la chercher !

2 décembre 2022

Pour la première fois de la saison, la neige sale s'invite à la fête. Encore fragile, elle tombe au sol et fond. Le ciel est bas, triste et gris comme un jour d'enterrement. Mon chat, frileux, est rentré tôt de promenade et dort maintenant vautré sur l'imprimante. La perruche, impatiente, s'acharne sur sa baignoire qu'elle veut démolir en s'aiguisant le bec. Elle dédaigne pour cela la branche délicate que je lui ai cueillie hier matin au cours de ma balade.

Je me suis assis pour un peu de repos et soumets à la muse l'essai de quelques vers. J'aime ce temps d'hiver, au coin du feu, où, sans trop de lumière, on se replie entre soi pour rêver à son aise.

Le chat dort, je n'ai rien d'autre à faire !

Samedi 21 octobre 2023 14h30

Dans le ciel, les nuages majoritairement gris ont tout de même laissé une ouverture pour nous permettre d'admirer un morceau d'azur et à quelques rayons de soleil d'éclairer cet instant. Ténèbres et lumières se partagent le firmament comme, sur terre, guerres et promesses se partagent le leadership. Ce leadership que les Américains revendiquent pour assurer l'unité mondiale, alors que leur président et son armada de Boeing parcourent le monde, à grands coups de pollution, en semant partout la zizanie. Ils ont déjà réussi à se mettre à dos la Russie, la Chine, la Corée du Nord, le Mexique et la plupart des pays arabes et africains, en même temps qu'ils ont abandonné les femmes afghanes. De leur côté, leurs ennemis, de mieux en mieux armés, se révoltent et mènent des guerres de plus en plus organisées et meurtrières. Le monde va mal, si mal qu'il risque à tout moment l'explosion.

Cela ne va pas mieux chez nous : le récent attentat de Bruxelles et la brusque démission du ministre de la justice témoignent, une fois encore, de la désorganisation de nos institutions et de leur incompétence à assurer notre sécurité. Nos lois de liberté sont sans doute excessives et partiales qui, en même temps qu'elles sanctionnent sévèrement tout humour raciste ou homophobe, défendent la profanation des livres sacrés (Bible et Coran) et l'insulte des pays arabes.

L'Eglise, mortellement divisée entre les partisans de Jean-Paul II et ceux de François, est à la veille d'un schisme sans précédent

Les nuages gris ne sont pas qu'au ciel, ils assombrissent aussi notre horizon terrestre.

Mais au firmament, il y a aussi cette ouverture sur la lumière. Nous reste-t-il sur terre des raisons d'espérer ?

Oui ! Il y a en effet tous les jeunes qui se réunissent régulièrement en prière autour du pape, ces femmes qui résistent en Iran, ces jeunes qui parcourent la Méditerranée à la recherche de naufragés, ces secouristes et ces pompiers qui viennent en aide à tant de sinistrés victimes de tant de drames.

Dans le monde, comme en chacun d'entre nous, le bien et le mal se livrent une lutte acharnée. En vainquant le mal en nous et en servant le bien, nous faisons pencher la balance en faveur de celui-ci non seulement pour nous, mais aussi pour notre entourage, pour notre communauté, pour l'humanité. A chaque pas que nous faisons vers la Vérité et l'Unité, c'est l'humanité qui avance

Bientôt une nouvelle année liturgique va commencer. Ce sera en décembre, quatre semaines avant Noël, le temps de l'Avent, moment béni prévu par l'Eglise, pour, comme en carême, nous tourner plus résolument vers le bien par la prière, la pénitence et le partage. Ne laissons pas aux Musulmans le monopole de la conversion. Sachons comme ils profitent du Ramadan, profiter des temps privilégiés que l'Eglise nous propose, pour reprendre le contrôle de nous-mêmes et pour marcher plus assurément vers l'accueil de l'autre et de ses espérances. Alors nous verrons qu'il y a encore beaucoup de raisons d'espérer.

Mardi, 14 novembre 202

Christelle prépare le marché de Noël. Liana prend son temps : sa grossesse entre dans son dernier mois. Certains anniversaires sont comme la naissance d'un enfant. Ils nous réjouissent, ils nous occupent et leur attente est, à la fois, espérance, doute et mystère.

Noël, dans le temps, c'est l'anniversaire d'une naissance, de la naissance de Dieu dans l'Histoire. C'est l'irruption de l'Infini dans le fini, de l'Eternité dans le temps, de l'Etre dans l'existence. Mystère de Noël.

Attendre Noël ce n'est pas seulement se préparer à la fête ou au souvenir, c'est surtout s'ouvrir à l'Eternité, à l'Infini qui nous dépasse et qui, pourtant, s'invite en nous. C'est nous ouvrir à Dieu et l'accueillir.

On prépare Noël comme on prépare une naissance : la naissance de Dieu dans l'histoire de notre vie.

Je peux devenir l'étable qui abrite la crèche, berceau de l'enfant qui naît à Bethléem. Je peux être ce berceau inattendu en tendant ensemble mes mains : l'une pour recevoir l'autre pour cueillir le Corps offert et déposé dans la mangeoire pour être mangé et devenir pain des anges, nourriture de vie éternelle.

Et dans le silence de la nuit, je peux alors écouter, si délicats et silencieux, les anges chanter :

« Gloire à Dieu au plus haut des cieux ! »

Mercredi, 22 novembre 2023

Parmi les quelques familles de pèlerins venues dans la cafétéria partager entre elles un peu d'amitié, j'écris.

Dehors la journée, en pleine contradiction avec celles qui l'ont précédée, est lumineuse et riante. Les visages sont en symbiose : souriants. Il suffit d'un rayon de soleil pour que tout s'illumine. La morosité d'hier est effacée ! Disparues la tristesse et la mélancolie !

Il suffit parfois d'un sourire pour que les heures les plus sombres deviennent claires et chantantes. « Si tu rencontres quelqu'un trop triste pour te donner un sourire, donne-lui le tien. »

Noël est sourire de Dieu. Parfois nous sommes si éprouvés que la magie de Noël n'opère plus, nous la redoutons, nous la fuyons. Mais ce faisant nous nous trompons. Noël ce n'est pas faire la fête, Noël c'est la fête ! Noël c'est Dieu qui naît dans le Bethléem de nos épreuves, de nos échecs et de nos deuils. « Dans toutes leurs souffrances, il souffrait avec eux. » Faire la fête est à la fête, ce que faire l'amour est à l'amour : un acte tout aussi puissant qu'incomplet.

Cette année, je ne veux pas me contenter de fêter Noël ainsi que font ceux qui n'y croient pas ! Je veux accueillir Noël, fête de Dieu en moi ! Noël n'est pas une tradition si belle soit elle, c'est l'irruption de Dieu dans ma vie ! Pourquoi ne l'ai-je pas compris plutôt ?

Février 2024

Le moment est venu de s'arrêter, de tourner une page et d'ouvrir un nouveau chapitre, peut-être le dernier. Est-ce bonne ou mauvaise nouvelle ? Trop tôt encore pour le dire ! Mais c'est une nouvelle, un arrêt irrémédiable. Je me soumets même si quelque chose en moi se révolte. Si j'entrevois l'avenir proche, celui plus éloigné m'échappe. Vivre le temps présent ne me permet plus les perspectives à long terme. Pourtant mon oui ou mon non déterminera les mois à venir. Quoique je décide, je risque de le regretter. Une seule chose est sûre : mon temps touche à sa fin et devant la nouvelle page à écrire, je suis incertain.

Le moment est venu d'accepter, de me soumettre ainsi que le dit Jésus à Pierre : « quand tu étais jeune, tu attachais toi-même ta ceinture et tu allais où tu voulais, mais quand tu seras vieux, tu étendras les bras, un autre attachera ta ceinture et te mènera où tu ne voudras pas aller. » (Jean 21,18). Je suis devenu vieux et l'heure est venue d'étendre les bras. Epreuve redoutable qu'il me faut apprivoiser sinon accepter. C'est difficile de vieillir, de lâcher prise et de se laisser faire. Epreuve inédite, peut-être ultime. Je subis le coup et tâtonne à la recherche d'un nouvel équilibre. Si je veux vivre longtemps, il me faut accepter l'expérience de la faiblesse de la vieillesse. J'aurai traversé tous les âges de la vie. Je devrais en être fier mais je n'en suis qu'inquiet et malheureux.

Le moment est venu et mon indécision me laisse pantois, écartelé sans force ni joie.

Mardi 6 et mercredi 7 mars 2024

Dehors le ciel est en dispute avec les nuages, mais pour l'instant, il semble l'emporter et, riant, ses rayons frappent à la grande baie vitrée de la cafétéria. Assis autour d'une tasse de café, Jean-Pierre, Thomas et moi, nous devisons. Je m'absente quelques minutes et quand je reviens Thomas est sorti au secours d'une mésange bleue qui, à l'instant, s'est fracassée contre la vitre. Elle est en piteux état et je ne donne pas cher de sa vie. Thomas la dépose finalement dans le parterre de fleurs en face du bâtiment. Il a l'air si désolé que, suivi par Jean-Pierre, je m'en vais au chevet de l'oiseau blessé. Pris à mon tour de compassion, je lève la main et le bénis, puis lentement je la baisse et doucement le caresse. La mésange alors, à notre grande surprise, avance de quelques pas et d'un timide coup d'aile s'envole dans un buisson proche où elle commence un chant de louange. Thomas émerveillé s'exclame qu'elle nous remercie. Après quelques secondes, elle nous quitte et va poursuivre sa chanson dans le lilas en bourgeons. Nous rentrons ravis et, dans mon cœur, je rends gloire à Dieu qui, comme il le dit dans l'Evangile, a souci des oiseaux du ciel !

Paix ! Force ! Joie !

Pourquoi des sans-papiers ? Parce qu'on a inventé les papiers !

Les papiers sont une invention des riches pour protéger leurs biens, spolier et assujettir les pauvres. Je me souviens avoir acheter au début des années quatre-vingt, pour quelques centaines de francs belges, plusieurs hectares de terre au Guatemala pour les offrir aussitôt à l'évêque des Indiens qui les leur rendait dans la foulée avec des actes de propriété en bonne et due forme. Vivant sur leurs terres depuis des siècles, les paysans s'en voyaient spoliés parce que les puissants avaient inventé les papiers, vendus à prix d'or, pour légitimer la propriété ouvrant ainsi une voie royale aux multinationales américaines comme Coca-Cola qui participèrent sans scrupule à la curée. Les papiers c'est l'arme la plus vicieuse des riches pour asseoir leur mainmise sur les plus pauvres. Curieux que les partis de gauche et les syndicats ne le dénonce pas ! Ce qui tend à prouver qu'ils sont plus du côté des riches et des potentats que de ceux qu'ils prétendent défendre.

Avant l'invention des papiers, les hommes s'en allaient, sans trop d'entraves, coloniser de nouvelles terres qui leur permettraient d'assurer leur pitance et celle de leurs enfants. C'est ainsi que de nombreux Européens s'en allèrent coloniser l'Amérique. Le droit à la terre fut ainsi peu à peu reconnu. Les papiers l'ont remis en question !

La nature est généreuse pour chacun. Si un ne reçoit pas assez, c'est qu'un autre a trop pris ainsi que le montre cette anecdote vécue autrefois à Marcinelle :

Dans la cour de l'école, trois fiers marronniers prodiguent leurs beaux fruits à la grande joie des enfants. Mais voici qu'un bambin de sept ans vient se plaindre : *« M'sieu ! Les grands ne veulent pas qu'on ramasse aussi des marrons ! »* Pauvre petit bonhomme ! Ils sont bien tentants les beaux marrons ! Et comme ils sont nombreux ! Chacun devrait y trouver son compte et pourtant tu n'en as pas. Tu as tout essayé : la force, la ruse… et maintenant tu viens pleurer. Tu n'es pas assez fort pour te défendre de la tyrannie des plus grands. Que veux-tu que je fasse ? Que je prenne ma grosse voix et des yeux pleins de colère pour obliger tes camarades à partager ? Que je te donne les marrons que j'irai moi-même ramasser ?

Solutions faciles qui n'auront aucune efficacité réelle ! La seule et vraie solution exige de choisir une voie plus longue et plus lente, mais combien plus sûre. Je t'apprendrai à te défendre contre la tyrannie des grands, contre toutes les tyrannies. Je montrerai aux grands leur erreur, je les aiderai à partager.

Ce drame bénin d'une cour de récréation méritait-il qu'on s'y arrête ? Oui, car il est à l'image de notre société.

La terre prodigue à tous ses richesses. Certains en profitent, d'autres pas. Les premiers promulguent des lois injustes pour sauvegarder leurs privilèges, pour asseoir leurs acquis. Lois tyranniques qui enlèvent nourriture, santé, espérance et qui tuent ou asservissent. Elles ne subsistent que par la faiblesse et la division des uns, par l'égoïsme et l'indifférence des autres.

Il ne s'agit pas de m'apprendre à pêcher : je sais le faire mieux que toi ! Il s'agit de me laisser pêcher et de me laisser le fruit de mon travail ! La terre peut nourrir plus de dix milliards d'hommes. Si j'ai faim, c'est que tu as trop pris.

Mercredi 9 octobre 2024

M'aimer moi !

Quand le présent se fait plus sombre et l'avenir incertain,

quand l'assurance de l'âge mûr s'estompe et que le doute de la vieillesse ronge,

quand la certitude capitule devant l'hésitation,

quand la force cède devant la faiblesse de l'âge,

le moment est venu de jauger l'amour qu'on a de soi.

S'aimer soi-même n'est pas aimer ce que l'ont fait,

ce n'est pas plus aimer ce que l'on rêve ou qu'on est capable de faire,

ce n'est pas aimer une image, une réputation, une réussite .

S'aimer soi-même c'est aimer ce que l'on est !

M'aimer moi-même avec ma peine et mon échec.

M'aimer avec ma joie, le don reçu et partagé,

M'aimer avec mon aujourd'hui

sans regret de mon temps perdu,

sans illusion sur le temps qui vient.

M'aimer moi parce que je suis moi ! Simplement moi.

Grisaille

Lancinante, la musique égrène ses notes tachant d'harmonie le ronflement du frigo qui veille sur les dernières pâtisseries boudées, cette heure, par les trop rares clients. Je suis seul à la table et j'écris.

Dehors le ciel est gris ainsi que les voitures qui circulent dans la rue.

Le gris est à la mode aujourd'hui.

Le ciel s'est habillé de mode et mon âme, en diapason, se désole en silence.

La tentation est forte de se retirer et du monde et du bruit.

Les grandes peines, muettes, craignent les ors et les chants.

Elles se mélangent plus volontiers aux nuances du gris qu'aux éclats des fraiches couleurs d'arc-en-ciel.

Le ciel aujourd'hui s'est couvert de gris sombre, voilant quelque peu la pluie froide qui tombe sans bruit.

Et mon esprit s'évade vers un autre horizon où le brun de tes yeux se pose délicat aux portes de l'infini.

Moment d'été...

C'est un moment d'été et de torpeur,

Le bétail, au pré, rumine et repose.

Le papillon en quête d'âme sœur

S'en vient, sans bruit, flirter avec la rose.

C'est un moment d'été et de bonheur,

L'enfant, au verger, s'allonge et se dore.

Seul, je chemine en quête d'âme sœur

Et, au tombeau, m'agenouille et t'adore.

Septembre

Septembre est beau

Ensoleillé à défaut d'être chaud !

Profitant de la pluie

Que l'été a versée

Il reste vert encore

Et seules quelques rares feuilles se dorent.

Septembre est beau

Et pèlerin d'un jour

Je chemine le bâton à la main

En quête du temps

Qui me fuit pour toujours.

J'ai vieilli et je suis là

- Debout –

Tel le roseau je n'ai pas cédé

Et je suis là encor, encor

Espérer encor !

François en Belgique

Comme le temps nous passons vite et 2024 entame déjà sa dernière ligne droite. Elle aura sans doute été marquée pour les Belges par au moins deux événements inhabituels : les élections qui ont décidé d'un changement radical de majorité et la visite du Pape.

Pour le premier il est sans doute trop tôt encore pour dire si c'est un bien ou un mal, une heureuse ou mauvaise nouvelle. 2025 nous en apprendra certainement plus.

Pour le second, il est généralement admis que le bilan est mitigé. François venait en Belgique dans un pays critique voire hostile. Il n'avait guère d'amis que parmi les chrétiens, eux-mêmes divisés à son sujet. Sa visite a donc dû être éprouvante pour lui et, sans doute a-t-il pu mesurer les fossés qui divisent les chrétiens entre eux, les fossés qui les séparent des courants de pensée modernes.

Ce siècle, le monde bascule vers une autre civilisation, vers d'autres valeurs et d'autres contre-valeurs auxquelles la plupart d'entre nous n'étaient pas préparés

François était donc attendu au tournant et il venait aussi avec ses leitmotivs : l'accueil des réfugiés, l'écologie, la paix et la justice.

Il était attendu par les victimes des abus sexuels dans l'Eglise, mais pas seulement par elles. Il l'était aussi par les ennemis de l'Eglise c'est-à-dire par les branches rabiques de la Laïcité et par la grande majorité de la presse, plus encline à manipuler qu'à informer. Humblement, je pense qu'il ne s'en est pas trop mal tiré. Il a demandé pardon pour les péchés de l'Eglise et c'est sans doute ce qu'il pouvait faire de mieux. Mais dans un monde sécularisé qui ne pardonne rien et qui monnaie tout sans doute que tous ne l'ont pas compris.

C'est dans ce contexte que j'ai personnellement été touché par l'intervention d'une victime, Anne-Sophie Cardinal, lors d'un débat à la RTBF. Anne-Sophie Cardinal a été violée à plusieurs reprises entre 1990 et 1991 par le curé de sa paroisse alors qu'elle était enfant de chœur. Elle est aujourd'hui professeure de religion. Au cours de ce débat, elle a plus dit ses espérances que ses revendications, elle a parlé avec détermination mais sans haine et sur un ton calme plutôt que revanchard. Elle a été plus nuancée que les autres participants que j'ai sentis plus occupés de leur gloriole que de vérité. Pour moi c'est une grande dame et je rends gloire à Dieu pour son témoignage.

A mon avis François a moins brillé dans son discours à propos de la femme. Bien sûr, elle est celle qui donne la vie ! Ce n'est pas la conséquence d'une religion ou d'une loi civile, c'est la nature qui en a décidé ainsi. Bien sûr elle est complémentaire de l'homme ce qui n'empêche pas, comme voudraient le comprendre certains, qu'elle soit son égale. C'est d'ailleurs ce qu'affirme clairement la Genèse : Dieu dit : « Faisons l'homme à notre image et ressemblance ! Homme et femme il LE créa. » Mais c'est exagéré que de réduire le rôle de la femme à la procréation. Elle peut avoir, comme l'homme, de nombreuses autres vocations. La femme est seule à pouvoir porter la vie, toutes n'en ont pas la vocation. Des exemples ? Sainte Thérèse, Sœurs Thérèsa et Emmanuelle, Sainte Claire et toutes les religieuses qui se sont vouées à la prière et au service ! Aujourd'hui beaucoup de femmes rêvent d'enfanter d'autres ont d'autres aspirations.

L'expérience de trente ans de sacerdoce m'enseigne que chaque personne – femme ou homme – a sa vocation propre et qu'il n'y a pas deux vocations semblables. Chacun est unique sa vocation ne peut donc qu'être unique ! Dommage qu'il faille encore débattre là-dessus.

Ceci dit l'expérience m'enseigne aussi que la vocation est autre que l'aspiration. Qui dit vocation dit appel et qui dit appel dit quelqu'un qui appelle. Suivre mon aspiration c'est suivre le chemin que je me suis tracé, découvrir et suivre ma vocation, c'est répondre à un appel, c'est faire que mon aspiration soit de répondre à cet appel. Nos contemporains semblent plus suivre leurs aspirations qu'ils ne répondent à une vocation. Je le constate comme un fait. C'est leur liberté et je n'émets aucun jugement moral à ce sujet.

Mais dans tout cela, il y a ceux qui ont vocation et, parmi ceux-ci, ceux qui ont vocation de marcher avec Jésus, autrement dit d'être chrétiens. Ils veulent alors connaître sa parole, ses enseignements, ses conseils et ses commandements. Ils fréquentent la Bible, la scrutent et adoptent des comportements en conformité avec ses exigences. Ils adoptent pour eux-mêmes sans vouloir l'imposer aux autres une morale qui respecte la vie dans son entièreté et dans sa diversité, qui respecte tous les hommes en même temps que la création. Ils luttent pour le bien de tous, cherchent ce qui rassemble plutôt que ce qui divise, prônent la justice, la tolérance, la réconciliation et la paix. Ils ne cherchent pas tant à avoir raison qu'à comprendre et aimer. Ils proposent plus qu'ils n'imposent et prêchent plus d'exemple que de mots. Ils peuvent regretter l'évolution des mentalités, des mœurs et des lois autour d'eux, mais tel Mardochée, dans la Bible, ils restent fermes dans leur foi et s'indignent moins de leurs contemporains qu'ils ne témoignent de ce qu'ils tiennent pour vrai.

Le passage du Pape a relancé les crispations à propos de l'avortement. Je me souviens qu'un jour on interrogeait Lanza del Vasto à propos de sa dépénalisation. Il avait répondu en substance : « Il y a déjà tant de lois qu'en supprimer une ne peut pas être mauvais. Sa dépénalisation ne veut pas dire que vous devez avorter. Votre conscience ne vous suffit-elle pas ? » François a sans doute été trop loin dans ses paroles, mais il a raison de rappeler la condamnation que fait l'Eglise depuis toujours de l'avortement. Et ce n'est pas parce qu'elle ne change pas d'avis qu'elle est rétrograde ! Si nos contemporains changent d'opinions plus souvent que de chemises c'est leur droit mais ce n'est pas nécessairement la voie que les gens réfléchis doivent suivre. La question est de savoir si l'avortement est ou non un crime. Cela fait plus de cinquante ans qu'on débat à ce propos. Je ne veux pas relancer la polémique. Je me contenterai simplement de rappeler que dans l'Evangile, Jésus, en colère contre ceux qui les rabrouent, leur dit : « Laissez venir à moi les petits enfants ! Ne les empêcher pas ! » Personne ne peut contester que l'avortement empêche à chaque fois un enfant de venir à la vie ; à la vie qu'est Jésus. Mais cela est du domaine de la foi. Je dirai donc en conclusion qu'un chrétien en conscience ne devrait pas avorter ; qu'un homme libre n'a pas besoin de lois pour vivre parce que sa conscience lui suffit !

Pendant que le pays s'enflammait ainsi, à Saint-Antoine, comme chez vous aussi j'espère, la vie s'est poursuivie comme à l'accoutumée avec ses joies et ses peines. La saison a été calme et il n'y a rien de particulier à signaler si ce n'est la naissance d'une petite fraternité qui, autour et avec le recteur, prie et anime les offices. Elle fourmille d'idées et elle a déjà à son actif l'animation d'une chorale, la publication d'un nouveau chansonnier et l'organisation de temps d'écoute-prière. Nous aurons l'occasion d'en reparler.

Paix ! Force ! Joie !

Table des matières

yes
I want morebooks!

Buy your books fast and straightforward online - at one of world's fastest growing online book stores! Environmentally sound due to Print-on-Demand technologies.

Buy your books online at
www.morebooks.shop

Achetez vos livres en ligne, vite et bien, sur l'une des librairies en ligne les plus performantes au monde!
En protégeant nos ressources et notre environnement grâce à l'impression à la demande.

La librairie en ligne pour acheter plus vite
www.morebooks.shop

Printed by Books on Demand GmbH, Norderstedt / Germany